必携

実務家のための
法律相談ハンドブック

編集　第一東京弁護士会 全期旬和会

新日本法規

は　し　が　き

　本書は、一般的な法律相談でよく聞かれる相談に絞り、これに対する迅速で正確な回答ができるよう、相談者に対する回答方針とその解説をコンパクトにまとめ、「これ一冊があれば法律相談に臨んだ際に、誤った回答をせずに済む。」という書籍です。

　弁護士登録をして間もない弁護士、さらには様々な相談を受ける司法書士、税理士、行政書士の方々などは、これらの相談に臨む際、六法全書を持って相談に入っても、相談者から聞かれたことにつき、必要となる条文を探し出して、その法律内容を適切に咀嚼した上で回答することは難しいと考えられます。また、各分野の法律相談でよく相談される質問をまとめた法律相談シリーズのような書籍は、各分野1冊という体裁になっているため、法律相談に際して、そのような複数の書籍をすべて持ち込むことも現実にはできません。

　そこで本書は、法律相談において相談されることの多い分野や、予想される相談につきできる限り厳選し、全12の分野につき、各分野10件程度を選び出して、これに回答方針と解説を付しました。

　本書の章立ては、法律相談でよく取り上げられる分野として、消費者問題、交通事故、債務整理、債権回収、労働、不動産、知的財産、親族（離婚・親権）、相続のほか、近時の相談では欠かすことのできないＩＴ（インターネット関係）、税務、さらには刑事事件を取り上げました。いずれも、その分野の相談を単体で受けることもあれば、他の相談と併せて相談される（例えば親族・相続の相談と併せて税務相談をされる、消費者問題の相談と共にその債権回収方法を相談される、など）といったことが予想される分野です。また、これらの相談が多く寄せられる12の分野につき、それぞれ10件程度を目安として相談事例を設定し、これに見開き2頁の解説を付しました。解説の最初には、法律相談を受けた際、回答の方針となるポイントをコンパクトにまとめて掲載しています。相談を受けた際は、この方針に沿った内容をお

答えいただければ、漏れなく回答をすることができるものと考えています。そして解説としては、制度の説明や法律内容の解説のほか、重要判例、さらに実務上の取扱いに至るまで、幅広く相談対応において必要となる事項を盛り込むよう心掛けました。

　本書の相談事例とその解説については、第一東京弁護士会の弁護士で構成されている全期旬和会の弁護士が執筆しました。全期旬和会は、登録15年目までの弁護士で構成される会であり、携わった弁護士は、法律相談実務に第一線で対応し、これらの分野に精通している経験豊富な弁護士たちです。本書は、弁護士としての多忙な業務と並行して、短期間での執筆を引き受けてくれた全期旬和会の若手弁護士たちの多大な努力がなければ、決して完成することはありませんでした。執筆者の若手弁護士たちに、心から敬意を表したいと思います。

　そして、本書が世に出るには、本書の企画段階から関わってくださり、原稿の取りまとめ、さらには困難な編集作業を一手に引き受けてくださった新日本法規出版株式会社の森聡氏と編集部の皆様の協力が不可欠なものでした。ここに心から感謝申し上げます。

　本書が、弁護士、更には法律実務を扱う士業の方々にとって、様々な相談時に欠かすことのできない必携の書となることを祈念し、世に送り出したいと思います。

　平成30年4月

　　　　　　　　第一東京弁護士会　全期旬和会代表幹事
　　　　　　　　　　弁護士　　板橋　喜彦

　　＊全期旬和会は、第一東京弁護士会内で最も多数の会員を擁する「第一東京弁護士会　全期会」に所属する弁護士のうち、登録15年目までの弁護士で構成される団体です。

編集・執筆者一覧

編　集　第一東京弁護士会　全期旬和会

編集代表　板橋　喜彦（弁護士）

編集委員（五十音順）

板橋　喜彦（弁護士）　　　鈴木　克哉（弁護士）

馬場　龍行（弁護士）　　　徳田　貴仁（弁護士・税理士）

大江　洋平（弁護士）　　　牧山　秀登（弁護士）

梶谷　　陽（弁護士）　　　松村　　啓（弁護士・弁理士）

河口　　仁（弁護士）　　　水越　雄介（弁護士）

菊地　正志（弁護士）　　　横溝　　聡（弁護士）

北後　政彦（弁護士）　　　吉原　崇晃（弁護士）

黒澤圭一朗（弁護士）

執筆者（五十音順）

板橋　喜彦（弁護士）　　　亀井　俊裕（弁護士）

上野　訓弘（弁護士）　　　河口　　仁（弁護士）

馬場　龍行（弁護士）　　　川島　一毅（弁護士）

大江　洋平（弁護士）　　　菊地　正志（弁護士）

太田　慈子（弁護士）　　　北後　政彦（弁護士）

梶谷　　陽（弁護士）　　　草開　文緒（弁護士）

春日美知子（弁護士）　　　熊谷　直弥（弁護士）

片山　宏之（弁護士）　　　黒澤圭一朗（弁護士）

上島　正道（弁護士）　　　佐藤　愛美（弁護士）

島﨑　政虎（弁護士）

鈴木　克哉（弁護士）

髙野　良子（弁護士）

坪内　絢子（弁護士）

德田　貴仁（弁護士・税理士）

富永　康彦（弁護士）

長島　弘幸（弁護士）

林　　誠吾（弁護士）

廣田　朱音（弁護士）

牧山　秀登（弁護士）

松村　　啓（弁護士・弁理士）

水越　雄介（弁護士）

水野　良昭（弁護士）

村瀬　幸子（弁護士）

横溝　　聡（弁護士）

吉田　勢児（弁護士）

吉原　崇晃（弁護士）

略　語　表

＜法令等の表記＞

　　根拠となる法令等の略記例及び略語は次のとおりです（〔　〕は本文中の略語を示します。）。

消費者契約法第4条第1項第2号＝消費契約4①二

意匠	意匠法	私事性的画像法	私事性的画像記録の提供等による被害の防止に関する法律
家事	家事事件手続法		
貸金業	貸金業法	自賠	自動車損害賠償保障法
割賦	割賦販売法	自賠令	自動車損害賠償保障法施行令
金商	金融商品取引法		
金販	金融商品の販売等に関する法律	借地借家	借地借家法
		商	商法
区 分 所 有〔区分所有法〕	建物の区分所有等に関する法律	消費契約	消費者契約法
		商標	商標法
刑	刑法	所税	所得税法
〔経営承継円滑化法〕	中小企業における経営の承継の円滑化に関する法律	所税令	所得税法施行令
		新案	実用新案法
		人訴	人事訴訟法
経営承継円滑化規	中小企業における経営の承継の円滑化に関する法律施行規則	信託	信託法
		相税	相続税法
		相税令	相続税法施行令
刑訴	刑事訴訟法	租特	租税特別措置法
刑訴規	刑事訴訟規則	租特令	租税特別措置法施行令
健保	健康保険法	地税	地方税法
雇均	雇用の分野における男女の均等な機会及び待遇の確保等に関する法律	著作	著作権法
		特定商取引	特定商取引に関する法律
		特定商取引令	特定商取引に関する法律施行令
戸籍	戸籍法		
裁所	裁判所法	特定商取引規	特定商取引に関する法律施行規則
裁判員	裁判員の参加する刑事裁判に関する法律		
		特許	特許法
資金決済	資金決済に関する法律	破	破産法

不正アクセス禁止法	不正アクセス行為の禁止等に関する法律		民再	民事再生法
不正競争	不正競争防止法		民執	民事執行法
復興財確法	東日本大震災からの復興のための施策を実施するために必要な財源の確保に関する特別措置法		民執令	民事執行法施行令
			民執規	民事執行規則
			民訴	民事訴訟法
			民訴規	民事訴訟規則
不登	不動産登記法		民調	民事調停法
不登規	不動産登記規則		民保	民事保全法
プロバイダ責任制限法	特定電気通信役務提供者の損害賠償責任の制限及び発信者情報の開示に関する法律		利息	利息制限法
			労基	労働基準法
			労基規	労働基準法施行規則
			労組	労働組合法
弁護士	弁護士法		労契	労働契約法
法税	法人税法		所基通	所得税基本通達
法税令	法人税法施行令		相基通	相続税法基本通達
民	民法		評基通	財産評価基本通達
改正民〔改正民法〕	民法の一部を改正する法律（平成29年法律第44号）による改正後の民法		法基通	法人税基本通達
			準則	電子商取引及び情報財取引等に関する準則

＜判例の表記＞

　根拠となる判例の略記例及び出典の略称は次のとおりです。

　最高裁判所平成25年3月7日判決、判例時報2185号64頁
　　＝最判平25・3・7判時2185・64

判時	判例時報		訟月	訟務月報
判タ	判例タイムズ		民集	最高裁判所（大審院）民事判例集
家月	家庭裁判月報			
金判	金融・商事判例		労判	労働判例
自保	自保ジャーナル			

目　次

第1章　消費者問題

第1　消費者契約法に関する法律相談　　ページ
- 【1】　不実告知による取消し……………………………………………2
- 【2】　不利益事実の不告知、断定的判断の提供による取消し……………4
- 【3】　不当条項………………………………………………………………6

第2　特定商取引に関する法律・割賦販売法に関する法律相談
- 【4】　訪問販売とクーリング・オフ………………………………………8
- 【5】　クーリング・オフの権利行使期間…………………………………10
- 【6】　クーリング・オフとクレジット……………………………………12
- 【7】　訪問販売と過量販売解除権…………………………………………14
- 【8】　特定継続的役務提供契約と中途解約権……………………………16

第3　説明義務違反・適合性原則に関する法律相談
- 【9】　説明義務違反…………………………………………………………18
- 【10】　適合性原則……………………………………………………………20

第2章　交通事故

第1　事故直後から症状固定までの法律相談
- 【11】　賠償手続の流れ………………………………………………………22
- 【12】　物損事故と人損事故…………………………………………………24
- 【13】　交通事故と健康保険…………………………………………………26

第2 症状固定後、等級認定までの法律相談

【14】 等級認定……………………………………………………28
【15】 同一部位の等級認定…………………………………………30

第3 等級認定後、示談までの法律相談

【16】 兼業主婦の休業損害…………………………………………32
【17】 異時共同不法行為……………………………………………34
【18】 人身傷害保険と搭乗者傷害保険……………………………36
【19】 労災保険と通勤災害…………………………………………38

第4 裁判・調停とＡＤＲ

【20】 ＡＤＲ等………………………………………………………40

第3章　債務整理

第1 方針決定段階における法律相談

【21】 相談時の聴取事項……………………………………………42
【22】 方針決定………………………………………………………44
【23】 家計状況の見直し……………………………………………46

第2 任意整理に関する法律相談

【24】 任意整理………………………………………………………48

第3 自己破産・個人再生に共通する法律相談

【25】 破産・個人再生に要する費用と期間………………………50
【26】 退職金・生命保険の取扱い…………………………………52
【27】 住宅ローンの取扱い…………………………………………54

第4 破産に関する法律相談

【28】 破産をしたときのリスク・デメリット……………………56
【29】 免　責…………………………………………………………58

目　次　　3

第5　個人再生に関する法律相談
【30】　個人再生全般……………………………………………………60

第4章　債権回収

第1　債権の管理に関する法律相談
【31】　貸金と保証……………………………………………………62
【32】　消滅時効の成立…………………………………………………64
【33】　取引開始時の留意点……………………………………………66

第2　請求・保全に関する法律相談
【34】　債権回収の実践（保全手続等）………………………………68
【35】　交渉による債権回収……………………………………………70
【36】　訴えの提起………………………………………………………72
【37】　債務名義の種類…………………………………………………74

第3　執行に関する法律相談
【38】　和解的な解決の合理性・留意点………………………………76
【39】　金銭執行手続の概要……………………………………………78
【40】　執行前の情報収集………………………………………………80

第5章　労　　働

第1　労働契約に関する法律相談
【41】　採用に関する問題………………………………………………82

第2　労働条件の変更に関する法律相談
【42】　労働条件変更の手段……………………………………………84

第3　割増賃金の請求に関する法律相談

【43】割増賃金の請求······86

【44】割増賃金に関する争点······88

第4　人事権・セクハラ・パワハラに関する法律相談

【45】業務命令・懲戒処分を行う際の注意点······90

【46】セクハラ・パワハラの法的責任と防止措置······92

第5　退職・解雇に関する法律相談

【47】退職後の問題······94

【48】労働契約の終了に関する問題······96

【49】解雇された労働者の取り得る手段······98

第6　労働審判に関する法律相談

【50】労働紛争の解決手段······100

【51】労働審判······102

第6章　不動産

第1　不動産の特定とその評価方法に関する法律相談

【52】不動産の価値の調査······104

第2　不動産売買に関する法律相談

【53】不動産売買における留意点······106

コラム　○改正民法における「瑕疵担保責任」という用語
の撤廃······107

第3　不動産賃貸借に関する法律相談

【54】借地権譲渡に伴う名義書換料と条件変更承諾料······108

【55】賃料に関する諸問題······110

目　　次　　5

【56】　建物明渡手続……………………………………………112
　コラム　○自力救済の禁止……………………………………113
【57】　無断転貸……………………………………………………114
【58】　正当事由及び立退料………………………………………116
【59】　騒音トラブル………………………………………………118
【60】　賃貸借契約締結上の説明義務……………………………120

第4　区分所有法に関する法律相談
【61】　管理費の滞納………………………………………………122

第7章　知的財産

第1　知的財産権に関する法律相談
【62】　知的財産全般に関わる相談………………………………124
　コラム　○オープン＆クローズ戦略…………………………125
【63】　特許権………………………………………………………126
【64】　実用新案権…………………………………………………128
　コラム　○特許法の文献………………………………………129
　　　　　○特許庁ウェブサイト…………………………………129
【65】　意匠権………………………………………………………130
【66】　商標権………………………………………………………132
【67】　著作権………………………………………………………134

第2　不正競争防止法に関する法律相談
【68】　不正競争防止法全般に関わる相談………………………136
【69】　周知表示混同惹起・著名表示冒用………………………138
【70】　営業秘密……………………………………………………140

第3　ユーザーデータに関する法律相談
【71】　ユーザーのデータと知的財産権…………………………142
　コラム　○データの所有権の可能性…………………………143

第8章　親　族

第1　離婚に関する法律相談
- 【72】　離婚の準備……………………………………………………… 144
- 【73】　有責配偶者からの離婚請求………………………………… 146
- 【74】　不貞行為…………………………………………………………… 148
- 【75】　財産分与…………………………………………………………… 150
- 【76】　婚姻費用…………………………………………………………… 152
- 【77】　養育費……………………………………………………………… 154
- 【78】　氏…………………………………………………………………… 156

第2　親権に関する法律相談
- 【79】　親権の定め方…………………………………………………… 158
- 【80】　面会交流…………………………………………………………… 160

第3　内縁に関する法律相談
- 【81】　内縁解消と財産分与………………………………………… 162

第9章　相　続

第1　遺言の作成に関する法律相談
- 【82】　遺言の方式………………………………………………………… 164
- 【83】　相続させる旨の遺言………………………………………… 166
- 【84】　遺言書の開封・検認………………………………………… 168
- 【85】　信　託……………………………………………………………… 170

第2　遺産分割等に関する法律相談
- 【86】　戸籍の収集………………………………………………………… 172
- コラム　○法定相続情報証明制度……………………………… 173

【87】	特別受益・寄与分	174
【88】	遺産分割の対象となる相続財産の範囲	176
【89】	遺産分割の裁判手続	178

第3　遺留分減殺請求に関する法律相談

| 【90】 | 遺留分額の算定 | 180 |
| 【91】 | 遺留分減殺請求権の行使 | 182 |

第10章　ＩＴ（インターネット）

第1　発信者情報開示請求に関する法律相談

【92】	発信者情報開示請求の相手方	184
【93】	発信者情報開示請求の手続	186
【94】	発信者情報開示請求に対する意見照会書	188

第2　削除請求等に関する法律相談

【95】	削除請求の手続	190
【96】	個人の誹謗中傷に対する慰謝料請求	192
【97】	削除請求の対象	194

第3　インターネット上の取引に関する法律相談

【98】	電子契約の注意点	196
【99】	利用規約の契約への組込み	198
【100】	ネットオークションの注意点	200
【101】	仮想通貨の取引の注意点	202

第4　インターネット上の犯罪行為に関する法律相談

| 【102】 | 私事性的画像記録の提供等による被害の防止に関する法律 | 204 |
| 【103】 | 不正アクセス禁止法 | 206 |

第11章 税　務

第1 不動産売買に関する法律・税務相談
【104】 個人の土地・建物の売買 …………………………………… 208
【105】 法人の土地・建物の売買 …………………………………… 210

第2 不動産賃貸に関する法律・税務相談
【106】 土地の賃貸借 ……………………………………………… 212

第3 会社関係の法律・税務相談
【107】 株式の譲渡、配当、相続 …………………………………… 214
【108】 会社の取引関係（欠損金） ………………………………… 216

第4 損害賠償等に関する法律・税務相談
【109】 損害賠償 …………………………………………………… 218
【110】 相続・遺贈 ………………………………………………… 220
【111】 離婚・財産分与 …………………………………………… 222
【112】 遺留分減殺請求と経営承継円滑化法 ……………………… 224
【113】 取引先の倒産・再生、子会社の特別清算 ………………… 226

第12章 刑　事

第1 捜査段階における刑事弁護に関する法律相談
【114】 刑事手続の流れ …………………………………………… 228
【115】 被疑者の権利 ……………………………………………… 230
【116】 不起訴に向けた弁護活動 ………………………………… 232
【117】 告　訴 ……………………………………………………… 234

目　　次　　9

第2　公判段階における刑事弁護に関する法律相談
- 【118】　保　釈 ……………………………………………… 236
- 【119】　証拠提出方法 …………………………………… 238
- 【120】　裁判員裁判 ……………………………………… 240
- 【121】　証拠調べ請求に対する意見 ………………… 242
- 【122】　自白の証拠能力 ………………………………… 244
- 【123】　情状弁護 ………………………………………… 246
- 【124】　一部執行猶予 …………………………………… 248

第3　不服申立てに関する法律相談
- 【125】　不服申立て ……………………………………… 250

事項索引 ……………………………………………………… 253

第1章　消費者問題
第2章　交通事故
第3章　債務整理
第4章　債権回収
第5章　労　　働
第6章　不動産
第7章　知的財産
第8章　親　　族
第9章　相　　続
第10章　ＩＴ（インターネット）
第11章　税　　務
第12章　刑　　事

第1 消費者契約法に関する法律相談

【1】 不実告知による取消し

販売業者から、「タイヤの溝が大きくすり減っていて、このままでは走ると危ない」と言われ、新しいタイヤを購入しましたが、そのような事実がないことが判明しました。売買契約を解消して、代金の返還を請求することはできませんか。私が個人事業者で配達のために利用していた自動車のタイヤを購入した場合はどうでしょうか。

相談対応のポイント	◇販売業者の行為は消費者契約法の不実告知に該当。 ◇売買契約を取り消し、代金の返還請求が可能。 ◇個人事業者の場合は、原則、消費者契約法の適用はない。

1 不実告知による取消し

消費者契約法は、消費者と事業者との間の情報の質及び量並びに交渉力の格差に鑑み、事業者の一定の行為により消費者が誤認し、又は困惑した場合等は、契約の申込み又はその承諾の意思表示を取り消すことができることとしています。

民法96条1項の詐欺取消しが認められるためには、販売業者の二重の故意を立証することが必要ですが、販売業者の行為が不実告知（消費契約4①一）に該当すれば、二重の故意を立証することなく、契約の申込み又は承諾の意思表示を取り消すことができます。不実告知による取消しの要件は以下のとおりです。

① 事業者の行為

消費者契約の締結について勧誘をするに際し、重要事項について事実と異なることを告げること

② 消費者の誤認と意思表示

告げられた内容が事実であると誤認し、それによって、消費者契約の申込み又は承諾の意思表示をすること

第1章　消費者問題　　3

　不実告知による取消しが認められるためには、「重要事項」について不実告知があったことが必要です。消費者契約法4条5項は、以下の事項を「重要事項」と規定しています。なお、3号は平成28年6月3日改正（平成29年6月3日施行）で新たに追加されました。
①　当該消費者契約の目的となるものの質、用途その他の内容であって、消費者の当該消費者契約を締結するか否かについての判断に通常影響を及ぼすべきもの（消費契約4⑤一）
②　当該消費者契約の目的となるものの対価その他の取引条件であって、消費者の当該消費者契約を締結するか否かについての判断に通常影響を及ぼすべきもの（消費契約4⑤二）
③　当該消費者契約の目的となるものが当該消費者の生命、身体、財産その他の重要な利益についての損害又は危険を回避するために通常必要であると判断される事情（消費契約4⑤三）
　本件相談において、販売業者は勧誘に際し、事実と異なり「タイヤの溝が大きくすり減っていて、このままでは走ると危ない」と告げていますが、これは生命・身体の危険を回避する必要性に関する事項について、事実と異なることを告げていることになります。したがって、重要事項（消費契約4⑤三）について不実告知があったとして、売買契約の申込みの意思表示を取り消した上で売買代金の返還を請求することができます。

2　消費者契約とは

　不実告知による取消しが認められるためには、当該契約が「消費者契約」であることが前提です。「消費者契約」とは、消費者と事業者との間で締結される契約をいい（消費契約2③）、「消費者」とは、個人とされていますが、そのうち「事業として又は事業のために契約の当事者となる場合」は除かれています（消費契約2①）。
　本件相談の後段では、配達という「事業のために」契約をした場合ですので、タイヤの売買契約は「消費者契約」に該当しません。したがって、民法上の詐欺取消しを検討することになります。

4 第1章 消費者問題

【2】 不利益事実の不告知、断定的判断の提供による取消し

　販売業者から「日当たり良好」と言われ、マンションを購入しましたが、その後、南側隣地でマンションの建設計画があることを知りました。売買契約を解消できませんか。また、「鉄道の新駅計画があるので値上がり確実」と言われたが、そのような計画がなかった場合はどうですか。

相談対応の ポ イ ン ト	◇販売業者が南側隣地のマンションの建設計画を知っていた場合、販売業者の行為は、消費者契約法の故意による不利益事実の不告知に該当し、売買契約の取消しが可能。 ◇新駅計画による値上がりが確実と告げる行為は、消費者契約法の断定的判断の提供に該当し、売買契約の取消しが可能。

1　不利益事実の不告知

　販売業者の行為が不利益事実の不告知（消費契約4②）に該当すれば、売買契約を取り消すことができます。

　不利益事実の不告知による取消しの要件は以下のとおりです。

① 事業者の行為

　㋐ 消費者契約の締結について勧誘をするに際し、重要事項又は当該重要事項に関連する事項につき消費者の利益となる旨を告げること

　㋑ 当該重要事項について当該消費者の不利益となる事実（当該告知により当該事実が存在しないと消費者が通常考えるべきものに限ります。）を故意に告げなかったこと

② 消費者の誤認と意思表示

　当該事実が存在しないものと誤認し、それによって消費者契約の申込み又は承諾の意思表示をすること

　本件相談の前段において、販売業者は「日当たり良好」と、本件マンショ

第1章 消費者問題　　5

ンに関する重要事項に関連する事項につき消費者に利益となる旨を告げています。他方で、販売業者は、南側隣地のマンション建設計画という消費者に不利益な事実を告知していません。この南側隣地のマンション建設計画という事実は、「日当たり良好」との告知内容から通常存在しないものと考えるべきものです。

　したがって、販売業者が南側隣地のマンション建設計画を知っていた場合、販売業者の行為は不利益事実の不告知に該当するとして、売買契約を取り消すことができます。

2　断定的判断の提供

　販売業者の行為が断定的判断の提供（消費契約4①二）に該当すれば、売買契約を取り消すことができます。

　断定的判断の提供による取消しの要件は以下のとおりです。

① 　事業者の行為

　　消費者契約の締結について勧誘をするに際し、当該消費者契約の目的となるものに関し、将来におけるその変動が不確実な事項につき断定的判断を提供すること

② 　消費者の誤認と意思表示

　　提供された断定的判断の内容が確実であると誤認し、それによって、消費者契約の申込み又は承諾の意思表示をすること

　本件相談の後段において、販売業者は、本件マンションの将来におけるその価額が「将来における変動が不確実な事項」であるにもかかわらず、「確実に値上がりする」という断定的判断を提供しています。

　したがって、販売業者の行為は、断定的判断の提供に該当するとして、売買契約を取り消すことができます。

6   第1章　消費者問題

【3】　不当条項

　中古自動車を購入しましたが、エンジンがかかりません。販売業者に修理を依頼したところ、契約書には、「目的物に瑕疵があっても販売業者は一切責任を負わない」旨の条項があるので、修理の義務はないと言われました。販売業者には一切請求できないのでしょうか。なお、契約書には、「買主は解除権を放棄する」旨の条項もあります。

相談対応の ポ　イ　ン　ト	◇中古自動車の売買は特定物売買なので原則として修理義務はないが瑕疵担保責任に基づく損害賠償請求は可能。 ◇瑕疵担保責任に基づく損害賠償請求の全部免除条項は無効。 ◇瑕疵担保責任に基づく解除権を行使して、代金返還請求も可能。 ◇瑕疵担保責任に基づく解除権の放棄条項は無効。

1　瑕疵担保責任

　中古自動車の売買は特定物売買に該当しますので、現行民法の下では、特定物売買の目的物に瑕疵があっても、売主に瑕疵修補義務はありません。しかし、買主が当該売買契約を解除して売買代金の返還を請求すること、又は売主に対して損害賠償を請求することは可能です（民570・566）。

　もっとも本件相談では、契約書に「目的物に瑕疵があっても販売業者は一切責任を負わない」旨の条項があり、買主は売主に対して、損害賠償を請求することができないように思われます。また、契約書には「買主は解除権を放棄する」旨の条項があり、解除権を行使することができないようにも思われます。

　しかし、消費者契約法は、事業者の損害賠償の責任を免除する条項その他の消費者の利益を不当に害することとなる条項の全部又は一部を無効としています。

第1章　消費者問題　　7

2　不当条項

　消費者契約法は、消費者の利益を不当に害する条項を、以下①〜③に類型化し、10条において一般条項を設けています（④）。なお、8条の2は、平成28年6月3日改正（平成29年6月3日施行）で新たに追加されました。

① 　事業者の損害賠償の責任を免除する条項の無効（消費契約8）

② 　消費者の解除権を放棄させる条項の無効（消費契約8の2）

③ 　消費者が支払う損害賠償の額を予定する条項等の無効（消費契約9）

④ 　消費者の利益を一方的に害する条項の無効（消費契約10）

　本件相談では、契約書に「目的物に瑕疵があっても販売業者は一切責任を負わない」旨の条項がありますが、当該条項は、瑕疵担保責任に基づく損害賠償責任の全部を免除する条項に該当しますので無効となります（消費契約8①五）。

　また、契約書には、「買主は解除権を放棄する」旨の条項がありますが、当該条項は、瑕疵担保責任に基づく解除権を放棄させる条項に該当しますので無効となります（消費契約8の2二）。

3　改正民法施行後

　なお、改正民法施行後は、特定物であるか不特定物であるかを問わず、契約不適合となるものについては、売主に瑕疵修補義務が認められることになりました（改正民562①本文）。

　したがって、瑕疵修補義務を免除する条項については、消費者の利益を不当に害するとして、一般条項である消費者契約法10条により無効とされるか検討を要することになります。

8 第1章 消費者問題

第2 特定商取引に関する法律・割賦販売法に関する法律相談

【4】 訪問販売とクーリング・オフ

5日前、訪問販売により販売業者から化粧品を購入しましたが、冷静に考えると要らないものでした。売買契約を解除できませんか。

相談対応のポイント	◇特定商取引に関する法律上の法定書面の交付を受けた日から8日が経過するまでに、書面によりクーリング・オフ通知を発信し、契約の解除が可能。

1 クーリング・オフとは

一般の私法においては、原則として、当事者間で締結された売買契約を、当事者の一方が理由なく無条件で解除することはできません。ところが、特定商取引に関する法律は、訪問販売についてクーリング・オフ制度を定め、一定の要件の下に、消費者が理由なく無条件で売買契約の申込みの撤回や解除をすることを認めています。訪問販売においては、消費者にとって不意打ち性が強いこと、閉鎖的な場所での誘惑的又は強行的な勧誘が行われることが多いことから、消費者に自主的で適切な選択の機会を確保するため、クーリング・オフ制度が定められています。

2 権利行使の期間、方法

クーリング・オフ制度には権利行使期間の定めがあり、契約の申込書面（特定商取引4）又は契約書面（特定商取引5）を受領した日から起算して8日を経過したときは、これを行使することができません（特定商取引9①ただし書）。

クーリング・オフの通知は発信主義が採用されていますので、クーリング・オフ通知が権利行使期間内に、販売業者に到達する必要はありません（特定商取引9②）。

なお、クーリング・オフ通知は、書面によるものと定められています（特定商取引9①本文）。

第1章　消費者問題　　9

<一般の意思表示とクーリング・オフ通知の異なる点>

	意思表示の効力発生時期	期間の計算方法
一般の意思表示	到達主義	初日不算入
クーリング・オフ通知	発信主義	初日算入

3　クーリング・オフの効果

　クーリング・オフを行使することによって、当該売買契約は遡及的に無効になります。未払代金債務は消滅し、既払代金は返還を請求することができます。また、消費者は引渡しを受けた商品の使用利益について返還する義務はなく（特定商取引9⑤）、商品の返還費用は販売業者の負担となります（特定商取引9④）。販売業者は消費者に対し、損害賠償又は違約金の支払を請求することはできません（特定商取引9③）。

4　適用除外

　特定商取引に関する法律26条は、訪問販売について、適用除外となる事由を定めています。例えば、①購入者が営業のために又は営業として契約するもの（特定商取引26①一）、②いわゆる御用聞き、常連取引など不意打ち性のないもの（特定商取引26⑥、特定商取引令8）等については適用除外となります。したがって、クーリング・オフ通知をするときは、訪問販売であっても適用除外に該当しないか、条文を詳細に確認することが重要です。

【5】 クーリング・オフの権利行使期間

1か月前、訪問販売により販売業者から化粧品を購入しましたが、冷静に考えると要らないものでした。売買契約時に、契約書等の書面の交付はありませんでした。売買契約を解除できませんか。

相談対応の ポイント	◇特定商取引に関する法律上の法定書面の交付を受けておらず、クーリング・オフの権利行使期間の起算日が進行していないため、クーリング・オフ通知を発信し、売買契約の解除が可能。

1 クーリング・オフの権利行使期間の起算日

クーリング・オフには、権利行使期間の定めがあり、訪問販売においては、契約の申込書面（特定商取引4）又は契約書面（特定商取引5）（以下、合わせて「法定書面」といいます。）を受領した日から起算して8日を経過した場合は、これを行使することができません（特定商取引9①ただし書）。したがって、実際に売買契約が成立したとしても、消費者が法定書面を受領していなければ、クーリング・オフの権利行使期間の起算日は進行しないことになります。

特定商取引に関する法律は、販売業者等に対して、法定書面の交付を義務付けています。これは、消費者に対し当該契約に関する情報を開示することで、再度、消費者に熟慮する機会を与えるためです。法定書面の交付を受けないと、消費者は当該契約の妥当性について熟慮することができません。

したがって、クーリング・オフの権利行使期間の起算日は、法定書面の交付を受けた日とされています。

＜クーリング・オフの権利行使期間＞

契約＋契約書面

8日（権利行使期間）

※申込書面が作成された場合

申込書面　　契約＋契約書面

8日（権利行使期間）

第1章　消費者問題　　11

2　法定書面の不備

　法定書面の記載事項は、①商品等の種類、②商品等の販売価格など、法令により詳細に規定されています。

　法定書面の交付を受けたものの、法定書面の記載事項に不備があった場合に、法定書面の交付を受けたと言えるかにつき、裁判例では個別の判断がなされていますが、少なくとも、法定書面の記載事項のうち、消費者が熟慮する上で重要な事項について不備がある場合は、法定書面の交付を受けたとは言えないと判断されています。

3　クーリング・オフ妨害

　販売業者が、消費者のクーリング・オフを妨げる目的で、不実の告知をし、消費者が告げられた内容を事実と誤認したこと又は威迫して困惑させたことにより、当該消費者が権利行使期間内にクーリング・オフをしなかった場合、クーリング・オフの権利行使期間の起算日は進行しません（特定商取引6・9①ただし書）。

　この場合には、主務省令で定める再交付書面（特定商取引9①ただし書）が交付された日から8日が経過するまでは、クーリング・オフができます。再交付書面を交付する際、販売業者は口頭で、クーリング・オフができることを告げる必要があるものとされています（特定商取引規7の4⑤）。

【6】 クーリング・オフとクレジット

5日前、訪問販売により布団を購入し、購入代金の支払のため、個別クレジットを利用しましたが、冷静に考えると要らないものでした。クーリング・オフによって、個別クレジット契約を解除することはできませんか。

相談対応のポイント	◇割賦販売法所定の法定書面の交付を受けた日から起算して8日が経過するまでに、書面によりクーリング・オフ通知を発信し、個別クレジット契約の解除が可能。

1 個別信用購入あっせん（いわゆる個別クレジット契約）

個別信用購入あっせんとは、典型的には、消費者が販売業者から商品を購入する際に、クレジット業者がその購入代金を立て替えて、一括で販売業者に支払い、その立替金を、消費者がクレジット業者に分割して支払う取引形態をいいます（割賦2④）。個別信用購入あっせんの場合は、カード等が利用されるのではなく契約書が利用されることになります。

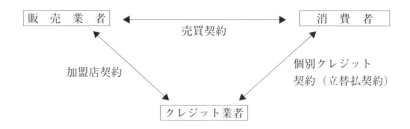

2 個別クレジット契約のクーリング・オフ

本件相談において、布団の売買契約の締結は5日前ですので、クーリング・オフにより解除することができますが、売買契約と個別クレジット契約は別々の契約であるため、売買契約が解除されても、個別クレジット契約は存

続していることになります。

　そこで割賦販売法は、訪問販売において、個別クレジット業者に対し、申込時書面（割賦35の3の9①）及び契約締結時書面（割賦35の3の9③）（合わせて「法定書面」といいます。）の交付を義務付け、法定書面の交付を受けた日から起算して8日を経過するまでに、クーリング・オフ通知を行えば、個別クレジット契約が解除される旨定めています（割賦35の3の10）。

　そして、個別クレジット契約のクーリング・オフについても、法定書面が交付されなかった場合、交付された法定書面に重大な不備がある場合、クーリング・オフ妨害がなされた場合に、クーリング・オフの権利行使期間の起算日は進行しません。

　したがって、訪問販売において、個別クレジット契約が締結されている場合は、売買契約における法定書面のみならず、個別クレジット契約における法定書面の確認も重要です。

3　クーリング・オフ連動

　割賦販売法は、個別クレジット契約がクーリング・オフにより解除された場合、売買契約もクーリング・オフされたものとみなす、と規定しています（割賦35の3の10⑤）。これをクーリング・オフ連動といいます。

　したがって、訪問販売において、個別クレジット契約が締結されている場合は、まず、個別クレジット契約のクーリング・オフを検討することが有用でしょう。

【7】 訪問販売と過量販売解除権

10か月前、1回の訪問販売により布団10組を購入しましたが、これほどの布団は要りません。売買契約を解除できませんか。

相談対応の ポイント	◇過量販売解除権を行使し、売買契約の解除が可能。

1 過量販売解除権

特定商取引に関する法律9条の2は、訪問販売において、日常生活に通常必要とされる分量を著しく超える商品の売買契約が行われた場合は、特別の事情がある場合を除き、売買契約の締結の時から1年以内であれば、消費者は当該売買契約を解除することができるものと定めています。

過量性については、当該商品の性質・機能に照らし、個別の消費者の家族構成や経済状況ごとに異なる判断があり得ることから、注意が必要です。もっとも、公益社団法人日本訪問販売協会では、「「通常、過量には当たらないと考えられる分量の目安」について」というガイドラインを設けているので、参考になります。

2 過量販売の類型

(1) 1回の販売による過量販売 (特定商取引9の2①一)

1回の販売で、通常必要とされる分量を著しく超える商品の売買契約が行われる場合です。この場合、過量販売解除権を行使することで、当該売買契約の全部が解除となります。

(2) 次々販売による過量販売 (特定商取引9の2①二)

複数回の販売で、通常必要とされる分量を著しく超える商品の売買契約が行われる場合です。

次々販売には、①過去に販売された分量と合わせると、通常必要とされる分量を著しく超えることになる契約を締結した場合と、②過去に販売された分量が既に通常必要とされる分量を著しく超えているにもかかわらず契約を

第1章　消費者問題　　15

締結した場合の2類型があり、いずれの場合も、販売業者が過量性について認識しているのであれば、過量となる以降の契約につき、過量販売解除権を行使することができます。

```
１回の販売による過量販売   |
──────────────────────────────────
            解　　　除
──────────────────────────────────

次々販売による過量販売①
┌─────────────┬──────────────────┐
│ 過去に販売された分量 │ 今回販売された分量＝解　除 │
└─────────────┴──────────────────┘

次々販売による過量販売②
┌─────────────────┬──────────────┐
│   過去に販売された分量   │ 今回販売された分量＝解　除 │
└─────────────────┴──────────────┘
            過　　量→
```

3　権利行使期間など

　過量販売解除権は、クーリング・オフと異なり、契約締結の日から1年以内であれば行使することができます（特定商取引9の2②）。過量販売解除権は、クーリング・オフの権利行使期間経過後であっても、契約締結の日から1年以内であれば行使することができるので、とても有用な制度といえます。

　なお、過量販売解除権の権利行使に係る意思表示については、クーリング・オフと異なり、発信主義は採用されていませんので、注意が必要です。

16　　　　第1章　消費者問題

【8】　特定継続的役務提供契約と中途解約権

　契約期間を1年として、結婚相手紹介サービスを利用していますが、中途解約して、契約当初に支払った100万円の一部の精算を受けることはできませんか。

相談対応の ポイント	◇特定継続的役務提供契約に該当。 ◇中途解約権を行使し、役務提供事業者に精算金の支払請求が可能。

1　特定継続的役務提供契約と中途解約権

　特定商取引に関する法律41条は、政令で指定された下記①～⑦の役務につき、契約金額が5万円を超えるもの（抱き合わせで販売される政令指定の関連商品の対価を含めた金額）、かつ契約期間が2か月（①エステティックサロン及び⑦美容医療は1か月）を超えるものを、特定継続的役務提供とし、契約書面を受領した日から8日を経過した後においては、消費者が特定継続的役務提供契約を理由なく中途解約できることを定めています（特定商取引49①、特定商取引令11・別表第4）。

①　エステティックサロン
②　語学教室
③　家庭教師
④　学習塾
⑤　パソコン教室
⑥　結婚相手紹介サービス
⑦　美容医療（平成29年12月1日以降の契約から適用）

　特定継続的役務提供契約においては、契約当初の時点で、提供される役務の内容が必ずしも明確でないにもかかわらず、契約期間が長期に及ぶことがあり、契約期間の途中で、役務の内容が契約当初に期待していた内容と異なる場合も多くあります。そこで、特定商取引に関する法律は、特定継続的役務提供契約につき、中途解約権を定めています。

　特定継続的役務提供契約において中途解約権が行使された場合は、中途解約をしたときから将来に向かって契約が解除されます。

第1章　消費者問題　　17

2　中途解約された場合の精算方法

　特定継続的役務提供契約が役務提供開始後に中途解約された場合、①既に提供された役務の対価と、②契約において定められた損害賠償額の予定又は違約金が、消費者の負担となります（特定商取引49②一）。したがって、契約当初に支払った代金から、①と②の合計額を控除した残額が精算されることになります。

　なお、②については、法律上、役務の類型ごとに上限額が定められています。本件相談の結婚相手紹介サービスの場合、その上限額は、2万円又は契約残額（契約当初に支払った代金総額から①を控除したもの）の20％に相当する額のいずれか低い金額とされています（特定商取引令別表4⑥）。

3　クーリング・オフとの関係

　特定商取引に関する法律48条は、訪問販売と同様に、特定継続的役務提供契約についても、クーリング・オフ制度を定めています。特定継続的役務提供契約を解除する方法として、クーリング・オフの権利行使期間が経過するまではクーリング・オフによる解除、クーリング・オフの権利行使期間が経過した後は中途解約権を行使すべきことを法は予定しています。

　クーリング・オフによる解除がなされた場合、消費者は、既に提供された役務の対価を支払う必要がありませんので（特定商取引48⑥）、クーリング・オフの権利行使期間が経過するまでは、クーリング・オフを行使することが有用です。

18　　第1章　消費者問題

第3　説明義務違反・適合性原則に関する法律相談

【9】　説明義務違反

　高リスクの投資商品を購入しましたが、為替変動により、投資資金の全てが失われました。販売業者は商品について十分な説明をしていなかったので、販売業者に損害賠償を請求できませんか。

相談対応の ポイント	◇投資商品の販売業者は商品のリスク等の説明義務がある。 ◇販売業者が説明義務を怠り顧客が損害を被った場合、損害賠償請求が可能。

1　投資商品の販売業者の説明義務

　近年は、「貯蓄から投資へ」のスローガンの下、投資活動が積極的に行われています。投資商品は、運用が成功すれば、多大な利益を生じる可能性がある一方、元本割れなどのリスクもあります。投資商品の購入は、私的自治原則の下、自己責任が原則ですが、投資商品を販売する業者と顧客との間には、情報格差があります。こうした情報格差がありながら、投資商品の販売業者が、投資経験が乏しい顧客に対して執拗な勧誘などを行い、生活資金の大半を高リスクの投資商品の購入に充てさせ、顧客の生活基盤が揺るがされるような事態も生じています。特に、リーマンショック後、投資商品の販売・勧誘をめぐり、顧客による、販売業者の説明義務違反と適合性原則違反を理由とする不法行為に基づく損害賠償請求が相次ぎました。

　私的自治原則の下でも、私法上、一般的に、契約当事者間に情報の収集・蓄積能力において著しい格差がある場合、格差解消のために、信義則上の説明義務があると考えられています。したがって、投資商品の販売業者は、投資商品の内容等につき、顧客に対して、一定の説明義務を負うと考えられます。

　投資商品の販売業者が、信義則上の説明義務に違反した場合、当該販売業者は、顧客に対して、不法行為に基づく損害賠償責任を負う可能性がありま

第1章　消費者問題　　19

す（なお、金融商品の販売に当たり、金融商品の販売等を行う業者は、法定
されている重要事項の説明をする必要があり、これを怠り、顧客が損害を被
った場合には、損害賠償責任が生じます（金販3・5））。

　説明義務違反を理由とする損害賠償請求をめぐる判例としては、例えば、
金利スワップ取引に係るもの（最判平25・3・7判時2185・64）などがあります。も
っとも、説明義務違反の認定のアプローチは、ケースバイケースであり、定
型的な判断手法は確立していないと考えられます。いずれにせよ、販売業者
は、法令や監督指針を踏まえ、商品特性や、顧客属性に応じ、リスクなどを
顧客に十分に理解させるよう説明を尽くすべきです。

2　適合性原則との関係

　なお、投資勧誘に際し、顧客の属性等に照らして不適合な商品・取引を勧
誘してはならないとする原則（適合性原則）があります（金商40）（【10】参照）。
説明義務（販売に当たっての説明を尽くしたか）と適合性原則（そもそも当
該顧客への販売が適当ではないとされるか）のいずれの違反を問うのが具体
的な事案にフィットするか留意が必要です。

<説明義務と適合性原則>

説 明 義 務	契約当事者間の情報格差を解消するための義務

適合性原則	顧客の属性等に照らして不適合な商品・取引を勧誘してはならないとする原則

【10】 適合性原則

高リスクの投資商品を購入しましたが、為替変動により、投資資金を失いました。私は85歳の年金暮らしで、投資経験もなく、投資資金は私の全財産です。販売業者は説明をしてくれましたが、私は説明を理解できませんでした。販売業者に損害賠償を請求できませんか。

相談対応のポイント	◇投資商品の販売業者は、勧誘に当たり、顧客の知識や投資経験、財産状況や投資目的等に照らし、顧客の属性に適合しない勧誘を行ってはならない（狭義の適合性原則）。 ◇適合性原則違反の勧誘行為が行われた場合、損害賠償請求が可能。

1 適合性原則とは

適合性原則とは、一般的に、顧客の属性に照らして不適切な商品・取引については、そもそも販売・勧誘を行ってはならないという原則をいいます（狭義の適合性原則）。広義では、販売・勧誘してもいい商品であっても、顧客属性に照らし、その顧客に理解してもらえるだけの説明（顧客属性に適合的な説明）をせずに販売してはならないという原則と考えられています（後記図参照）。

狭義の適合性原則として、具体的には、金融商品取引業者等は、金融商品取引行為につき、顧客の知識、経験、財産の状況及び金融商品取引契約を締結する目的に照らして不適当と認められる勧誘を行って投資者保護に欠ける（そのおそれがある）状況に該当しないように業務を行わなければならないとされており（金商40一）、この原則に違反する業者は、業法上の行政処分等が行われることになります。

第1章　消費者問題　　21

<適合性原則>

> 狭　義　顧客の属性に照らして不適切な商品・取引については、説
> 明を尽くしても、そもそも販売・勧誘を行ってはならない。

> 広　義　販売・勧誘してもいい商品であっても、顧客の属性に照ら
> してその顧客に理解してもらえるだけの説明をせずに販売し
> てはならない。

2　私法上の請求における適合性原則違反の効果

　適合性原則は、販売業者に対する業法上の規律ですが、これに違反する投
資勧誘が行われた場合、投資家側が、同原則違反を理由に不法行為に基づく
損害賠償請求を行うことがあります。こうした請求につき、最高裁は「適合
性の原則から著しく逸脱した証券取引の勧誘をしてこれを行わせたときは、
当該行為は不法行為法上も違法となると解するのが相当である」としました
（最判平17・7・14判時1909・30）。

　裁判例で問題となったケースでは、例えば、問題となった商品特性（リス
クの高低、商品自体の複雑性）、顧客の属性（投資経験、投資商品への理解力、
年齢、財産状況、投資目的）、勧誘態様などが考慮要素とされています。そこ
で、本件相談の事情を見ると、顧客は、投資経験がなく、リスクについて高
い理解力を有していなかったと考えられます。また、高齢であることや、年
金暮らしであり、かつ、全財産を投資資金として、高リスクの商品を購入す
ることは、投資方針として不合理であり、適合性原則違反となる可能性が高
いと考えられます。

　もっとも、投資は自己責任が原則であり、「投資にはリスクがある」、「よく
分からない商品に金を出すのは危険」ということは、特に投資経験豊富でな
くても認識すべきです。投資商品をめぐる損害賠償請求訴訟では、過失相殺
が認められる例が多い点にも留意が必要です。

22　　　第2章　交通事故

第1　事故直後から症状固定までの法律相談

【11】　賠償手続の流れ

　先週事故に遭ってしまいました。この後、どうなっていくのか分からないので、賠償について全体の流れを知りたいです。注意点などもあれば教えてください。改正民法で被害者に有利になるという報道を見たのですが、本当でしょうか。

相談対応のポイント	◇事故状況から過失割合を検討、損害額を費目ごとに算定。 ◇治療、症状固定、自賠責後遺障害等級認定を経て任意保険会社と示談交渉。 ◇自賠責保険に対する被害者請求権の消滅時効に要注意。 ◇改正民法の影響は全体としては被害者に有利。

1　事故当事者のなすべき初動
　交通事故に遭って怪我をした場合、できるだけ早く、①警察に通報し、②医療機関を受診し、③自身の加入する任意保険会社に交通事故発生の連絡をする必要があります。

2　今後すべきこと
(1)　事故状況の把握
　事故発生を警察に通報していれば、交通事故証明書、刑事記録を取得できます。刑事記録の取得方法は、日弁連交通事故相談センター東京支部編『民事交通事故訴訟　損害賠償額算定基準2018年版』（日弁連交通事故相談センター東京支部、2018）（通称：「赤い本」）（上）付録「交通事故損害賠償請求における立証資料」などに解説されています。
(2)　人的損害の把握
　受傷した場合、受診した医療機関に対し、診断書、診療報酬明細書、後遺

障害診断書の作成を求めます。被害者が加害者の任意保険会社にこれらを提出済みの場合、電話をすればコピーをくれます。医師の診察を受けずに医療機関以外（整骨院、鍼灸院、マッサージ、カイロプラクティック）に通うと、治療の必要性を争われる可能性が高いため注意が必要です。

　後遺障害が残った場合、自賠責後遺障害等級認定を申請し（詳細は【14】参照）、その後、任意保険会社と示談交渉を行います。その際は損害額を費目ごとに計算して算出します。また、事故状況から過失割合を検討しておくとよいでしょう。

　被害者請求権の時効期間は、平成22年4月1日以降に発生した事故なら、傷害分は事故発生から、後遺障害分は症状固定から各3年です（自賠19・平20法57附則16①）。

　休業損害や逸失利益の算定には、源泉徴収票、課税証明書、確定申告書などを使いますので、被害者にあらかじめ用意してもらいましょう。事業所得者なら申告外所得の有無、会社役員なら労務対価の報酬に占める割合がよく争いになります。

　(3)　使用できる任意保険の把握

　任意保険の典型は、対人賠償、対物賠償、人身傷害補償及び車両損害補償の4つです。名称に「対」が付く前二者は相手の損害、付かない後二者は自身の損害をカバーします。事故の相手方及び自分自身の加入する任意保険会社に連絡し、使える保険を確認しましょう。

3　改正民法の影響

　民事法定利率は、一律年5%ですが、改正民法施行後は変動性になり年3%に下がります（改正民404②③）。

　被害者にとって、控除される中間利息（一括払いされる賠償金の運用益）が減る点は有利であり、判決時に支払われる遅延損害金が減る点は不利です。しかし、中間利息控除の方が賠償額に与える影響は大きいので、全体としては被害者に有利といえるでしょう。

24　　　第2章　交通事故

【12】　物損事故と人損事故

① 2か月前に事故に遭い、治療費や慰謝料は保険で支払うので物損扱いにしてほしいと言われ物損扱いにしていますが、実際は首が痛くて通院しています。何か不利益がありますか。

② 保険会社から、物損だけ先に解決したいと言われていますが、過失割合につき争いがあります。人身損害についても物損解決時の過失割合になってしまいますか。

相談対応の ポイント	◇①については**警察から実況見分調書を取り寄せる**ことができず、**物件事故報告書が得られる**だけ。 ◇②については**物損で決めた過失割合にとらわれる**わけではない。

1　物損事故扱いとされた場合のデメリット

　交通事故の事故態様については、当事者が自ら作った図面や写真などのほかに、刑事記録を利用して立証していくことが考えられます。

　刑事記録については、人身損害がある場合で、加害者が起訴された場合には、確定前は裁判所、確定後は検察庁で刑事記録一式を閲覧等することができます（犯罪被害者等の権利利益の保護を図るための刑事手続に付随する措置に関する法律3、刑訴53、刑事確定訴訟記録法4）。不起訴となった場合にも、実況見分調書については管轄の検察庁において閲覧謄写ができます（以上につき検察庁の運用については地域差がありますので管轄検察庁に確認してください。）。

　警察に物損事故扱いとして届け出てしまうと、ごく簡単な図面等が描かれた物件事故報告書を警察署から取り寄せられるだけとなってしまいます。しかも、多くの警察署では、弁護士会照会又は裁判所からの送付嘱託がない限り、出してくれません。

　したがって、事故態様に争いがある事件の場合、重要な証拠となる刑事記録がほぼ存在しないことになるデメリットがあります。

第2章　交通事故　　25

<刑事記録の取り寄せ>

```
① 人身損害
   起訴された場合　→刑事記録一式：裁判所（確定前）
                              検察庁（確定後）
   不起訴の場合　　→原則として実況見分調書：検察庁
② 物損事故　　　　→物件事故報告書：警察署
```

2　物損の過失割合と人損の過失割合

　物損も人損も一つの事故から発生した損害であるため、本来、過失割合は同じになるはずです。しかし、物損の方が人損と比べ損害額が少額になることが多いこともあり、加害者側の保険会社が、物損について過失割合を譲歩して早期に解決してくれることがあります。この場合、物損の示談書にあえて事故そのものについての過失割合を確認する条項が入っていない限り、その後の交渉で人損の過失割合を拘束しないのが通常です。

　よって、当事者間の過失割合についての主張が全く相反しており、先に物損解決をするのに適さないような事例や、過失割合について強いこだわりがあり、相手方が提示してきた物損の過失割合にも納得ができない場合でない限り、物損の解決を先行しても不都合は生じにくいでしょう。

【13】 交通事故と健康保険

　保険会社から、治療費が高くなることが予想されるので健康保険を使ってほしいと言われましたが、交通事故で健康保険は使えますか。交通事故で健康保険を使うことのメリットやデメリットを教えてください。

相談対応の ポイント	◇交通事故でも健康保険は利用可能。 ◇健康保険利用のデメリットはないが治療機関との関係性に注意。

1　健康保険が交通事故に利用できるか

　健康保険は、交通事故によって怪我を負ったときにも、当然に利用できます（健保55、昭43・10・12保険発106）。ただし、労災保険によって給付を受けられる場合には利用できません。

　従来、健康保険による治療では、治療方法や薬に制限があり、被害者にとってデメリットがあると言われてきました。しかし、現在では幅広い治療法や医薬品に健康保険の適用がありますので、特殊な治療法が必要な場合でない限り、健康保険を利用するデメリットはないと言ってよいでしょう。

2　どのような場合、健康保険を利用すべきか

　加害者が任意保険に加入している場合には、通常、医療費は相手方保険会社が負担してくれます。しかし、相手方が任意保険に加入していない場合や、加入していても治療費を出し渋っている場合には、健康保険を利用することになるでしょう。また、被害者にも過失がある場合、健康保険を利用すれば、健康保険から原則として治療費の7割分をまるまる取得できます（健保74）。したがって、被害者に過失がある場合や過失の有無や割合について争いがある場合についても、健康保険を利用した方が最終的な取り分が多くなる可能性があるため、利用を検討すべきでしょう。

　また、働けなくなった場合の傷病手当金（健保99）や医療費等が高額になっ

第2章　交通事故　　27

た場合の高額療養費（健保115）を給付してもらえるときもあります。これらについても、状況に応じて健康保険組合に問い合わせるなどして、利用を検討すべきでしょう。

3　健康保険を利用する際の注意点

　交通事故の場合であっても健康保険は当然利用できますが、病院によっては利用できないと誤解をしていたり、自由診療にした方が診療報酬単価が上がるため、健康保険の利用に抵抗を示す病院もあります。その場合、病院側を説得するとともに、それでも適切な治療や後遺障害診断書を得られない危険がある場合には、診療先の変更を含めて検討せざるを得ないでしょう。

　なお、健康保険を利用して治療した場合、健康保険組合等も加害者に対して負担した治療費分を求償することとなっています（健保57①）。したがって、加害者側としては健康保険組合からも求償をされる可能性に留意し、また被害者側も念頭には置いておくべきでしょう。加害者の自賠責保険に被害者の直接求償（自賠16）と健康保険組合の求償が競合した場合、現在では被害者の直接求償が優先されています。

　最後に、被害者側として今後も健康保険を利用して治療を受ける予定がある場合、加害者と示談をして加害者の賠償責任を清算してしまうと以後健康保険が利用できなくなる可能性があります（最判昭38・6・4判時338・5）。したがって、このような場合、清算条項に制限を設ける等の工夫が必要となります。

28　　　第2章　交通事故

第2　症状固定後、等級認定までの法律相談

【14】　等級認定

　病院の先生に症状固定と言われました。後遺障害の等級の認定を受けるべきと言われたのですが、等級とはどのようなものですか。

相談対応の ポイント	◇後遺障害の重度を決める手続で、定められた等級により自賠責保険金額や慰謝料、労働能力喪失率が決まる。

1　症状固定と後遺障害

　症状固定とは、それ以上治療をしても治療効果が認められなくなった状態のことです。そして、後遺障害とは、症状固定後にも精神的、身体的な毀損状態が残存している状態です。

　被害者は、症状固定までは加害者へ治療費を請求することができますが、症状固定後は原則として治療費請求はできなくなります。一方、被害者に、症状固定後、後遺障害が残る場合には、後遺障害に基づく逸失利益や慰謝料を請求することができます。

2　後遺障害の等級認定

　後遺障害は、自動車損害賠償保障法施行令2条及び別表の第1と第2に規定されている基準に従って等級認定がなされます。これは労災制度における等級認定と同様の基準ですので、労災の診断基準が参考になります。

　後遺障害の等級認定は、まずは自賠責保険金の給付手続の中で損害保険料算出機構によってなされます。そして、認定された等級に基づき、自賠責保険金額が決まります。損害保険料算出機構の認定した等級は、裁判所等を拘束するものではありませんが、自賠責保険金以外の後遺障害慰謝料や後遺障害に基づく労働能力喪失率も、ここでの認定を基準として算出されることが多く事実上の拘束力はあるといってよいでしょう。

第2章　交通事故　29

3　等級認定の手続

　等級認定のための手続は、加害者の任意保険会社（一括社）を経由して行う事前認定と、被害者が加害者の自賠責保険会社へ自賠責保険金を直接請求（自賠16）する中で等級認定を求める被害者請求があります。損害保険料算出機構へ提出された書類が同じであれば、結論は同じとなりますが、以下のメリット・デメリットがあると言われています。

	事前認定	被害者請求
メリット	被害者側は後遺障害診断書を提出する程度で手続が済み簡便。	・加害者側との示談等前に自賠責保険金が取得できる。 ・等級認定に使用された資料が明瞭になる。
デメリット	一括社が後遺障害診断書以外にどのような資料を提出したか不明瞭。	等級認定のために必要な資料を被害者側が収集しなければならず、費用や労力、時間がかかる場合がある。

4　異議の申立て

　認定された等級に異議がある場合、事前認定においては任意保険会社に、被害者請求においては自賠責保険会社に対して異議申立てをすることができます。それでも納得のいく等級が認定されない場合、一般財団法人自賠責保険・共済紛争処理機構へ調停申立てをすることができます。

第2章　交通事故

【15】　同一部位の等級認定

　10年ほど前に、頸椎捻挫で首の痛みが残り14級の認定を受けました。今回の事故でも首を痛めて通院してきましたが、首の痛みで等級は取れますか。今回は頸椎捻挫から来る症状で指の痺れもあるのですが、指の痺れではどうでしょうか。

相談対応の ポイント	◇同一部位の同一症状については同じ等級の認定はされないが、前回認定よりも高い等級であれば認定され得る。 ◇同一部位を原因とする症状でも、指の痺れのように前回等級認定時に認定されていない別部位の症状は、等級認定され得る。

1　同一部位の同一症状は一度きり

　自賠責保険では、「傷病が治ったとき身体に存する障害」を後遺障害としており（自賠令2①二）、この後遺障害については一生残存する建前を取っています。したがって、同一部位（同一系列）の後遺障害については、加重による上位等級認定がされない限りは、等級認定はされません（自賠令2②）。

　また、交通事故以外の原因で既存障害が認められてしまう場合にも、同様の扱いになります。例えば、もともと外貌に3cmの線状痕がある人が事故により外貌の別部位に3cmの線状痕を残した場合、原則として「外貌に醜状を残すもの」とは認められず、12級14号は認定されないということになります（ただし、既存障害と事故による障害を総合評価して「相当の醜状」と判断されれば、9級16号が認定された上で12級分の自賠責保険金を差し引くという扱いがされます。）。いずれにしても、等級認定には既存障害の等級の程度を超える後遺障害が必要だということです。

2　同一部位の傷病を原因とする症状でも他の症状なら認定可能

　同一部位の傷病を原因とする前回認定とは他の症状については、加重とな

らない等級認定がされ得ます。例えば、第1事故で頸椎捻挫となり首の痛み
につき14級認定されていた場合に、第2事故で再び頸椎捻挫となり右手指の
痺れについて等級申請する場合です。このような場合には、右手の痺れにつ
いても新たに14級認定される可能性があります。ただし、このような場合に
は、等級認定されたとしても、特に事故が比較的近接しているようなときに
は、示談交渉の際に、慰謝料や逸失利益について争われる可能性が高い点に
は注意が必要です。

3　中枢神経と末梢神経の関係

　損害保険料率算出機構は、「同一部位」の解釈として、同一系列の後遺障害
は同一部位の後遺障害と理解してきたようです。この理解では、脊髄損傷等
で下半身不随となった者（1級）がその後に追突事故に遭って14級相当の首の
痛みや手の痺れを残したとしても、14級の認定はされないということになり
ますが、近年、これと異なる解釈を示した裁判例（東京高判平28・1・20判時2292・
58）があり自賠責の今後の運用が注目されているところです。

第3 等級認定後、示談までの法律相談

【16】 兼業主婦の休業損害

　私は兼業主婦で今回の追突事故のせいで仕事を1週間だけ休んだのですが、主婦としての休業損害の請求はできますか。請求できる場合、どれくらいの金額が認められますか。

相談対応の ポイント	◇兼業主婦で実収入が女性の全学歴全年齢賃金センサスより低い場合には、主婦としての休業損害請求が可能。

1 兼業主婦の主婦休損の考え方

　兼業主婦については、有職者という側面と家事従事者という側面があるため、休業損害の算定等について基礎収入をどのように考えるべきか問題となります。有職者の側面を強調すれば実収入を基礎収入とすべきでしょうし、家事従事者の側面を強調すれば女性の全学歴全年齢賃金センサス（年度により変わりますが、360万円前後）を基礎収入とすることになるためです。

　もっとも、この点について裁判実務は固まっていると言ってよい状況で、実収入が上記賃金センサスを上回る場合には実収入で、下回る場合には上記賃金センサスによる場合がほとんどです。実収入ベースで計算する場合には、当然ですが、実際に休業して給与が支払われなかったことが必要となる一方、家事従事者の場合には家事ができなかったことについて厳密な立証までは求められないことが多いといえます。そのため、休業損害に限って見れば、実収入が上記賃金センサスを下回る人の方が上回る人よりも高額となるケースもあります。

　なお、休業損害では基礎収入につき賃金センサスを利用し、逸失利益では実収入を用いるといった「いいとこ取り」のような処理は、裁判でも否定されることが多いでしょう。

2 フルタイムの兼業主婦の場合

　時々、保険会社との示談交渉時に、「フルタイム兼業主婦の場合には、必ず実収入をベースとして実際の休業状況に応じて休業損害を算定する」といった主張がなされることがあります。しかし、裁判実務では、フルタイムという理由だけで上記取扱いが変わることはほとんどないと言ってよく、基本的には実収入が上記賃金センサスより高いか低いかで判断すれば足ります。

3 家事従事者の休業損害の相場観

　家事従事者の休業損害は厳密な立証が求められない反面として、評価的側面がありますので、一概には言えませんが、東京地裁では、むち打ち非該当事案では20～50万円、14級事案では40～80万円程度とされることが多いようです。

　認定の仕方としては、上記賃金センサスを365日で除して日額を出し、①実入通院日数を乗じる、②最初の30日は100%、次の30日は50%と逓減させながら乗じていく、③通院期間を通じて平均〇%として乗じていく、などの方法が取られます。裁判では、②の方法が採用されることが多いように思われます。

【17】 異時共同不法行為

2か月前に追突事故に遭い、頸椎捻挫で通院中にまた追突されて首が更に痛くなりました。この場合、「自賠責を2つ使えるので2倍の賠償金をもらえる」と聞きましたが本当ですか。

相談対応の ポイント	◇両事故の加害車の自賠責保険が適用され、支払限度額は2倍になるが、受取金額は支払限度額と発生した損害額（自賠責基準）のいずれか少ない方（受取金額が2倍になるとは限らない。）。

1 異時事故の考え方

ある人が交通事故に遭って負傷し、しばらく経った後、再び交通事故に遭って同一部位を再び負傷することがあります。第2事故後に具体化した損害がどちらの事故によって生じたか分からない場合、第2事故後に具体化した損害についていずれの加害者がいかなる責任を負うのか問題となります。

第1事故による傷害の症状が固定した後に第2事故に遭った場合、この問題は生じません。症状固定時を基準に、どの損害がどの事故から生じたか区別できるからです。

これに対し、第2事故に遭った時に第1事故による傷害の症状が固定していなかった場合、人身損害がどちらの事故によって生じたのか、判然としません。考え方として、①両事故を単に2個の単独不法行為と捉え、損害がどの事故によって生じたか被害者に立証させ、民事訴訟法248条などで対応するもの、②1個の共同不法行為（損害一体型）でもあるとして、第2事故後に具体化した損害につき両加害者に不真正連帯債務を負わせるものがあります。

裁判例は、上記①を採ることが多いようです（名古屋地判平26・6・27自保1931・85、大阪地判平26・5・13自保1928・62、横浜地判平21・12・17自保1820・93など）。この考え方によれば、各事故により被害者が受けた物理的衝撃、第1事故直後における傷害の内容・程度、これに対する治療や回復の状況、第2事故の直前及び

第2章　交通事故　　　　35

直後における症状、第2事故後における治療や回復の状況などに基づき、どの
事故によってどの損害が生じたかを被害者が立証します。

2　異時共同不法行為における自賠責保険金額

　加害車が複数（異時共同不法行為を含みます。）の場合、1人の被害者に対
する自賠責保険金の支払限度額は、保険金額×自賠責保険付保の加害車数に
より算出されます。

　この計算方法により支払限度額が増えたからといって、受取金額も増える
とは限りません。自賠責保険は、被害者に損害賠償責任を負うことによって
車両の保有者や運転者に生じる損害をてん補するものですから（自賠11）、実
際に生じた損害（自賠責基準）についてのみ保険金が支払われます。

　支払限度額と発生した損害額（自賠責基準）のいずれか少ない方が、実際
の受取金額となります。

3　異時共同不法行為で特に検討すべき点

　異時共同不法行為で特に検討すべき点は次のとおりです。

① 　両事故による物理的衝撃の程度

② 　第1事故直後、並びに第2事故直前及び直後の症状

③ 　第1事故及び第2事故の後における治療及び回復の状況

36　　　　　　　　第2章　交通事故

【18】　人身傷害保険と搭乗者傷害保険

　相手の保険会社から、今回の事故は私の過失も大きいので私が加入している人身傷害保険から受け取った方がよいのではないかと言われました。どういう意味でしょうか。また、搭乗者傷害保険は受け取っても問題ないでしょうか。

相談対応のポイント	◇人身傷害保険は、被害者側の過失から優先充当できる性質を持っており、被害者に過失相殺される過失がある場合は、先行利用することで損害を100％填補できる可能性がある。 ◇搭乗者傷害保険は損益相殺の対象でないため、いつ受領しても賠償額に影響はない。

1　人身傷害保険

　人身傷害保険は、賠償保険のように加害者側ではなく被害者側が付している保険であり、加害者が無保険であったような場合や被害者に過失相殺されるべき落ち度があるような場合には利用メリットのある保険です。

　加害者が無保険で無資力状態にある場合には人身傷害保険を利用するメリットは分かりやすいところですが、過失相殺される場合にもメリットがあるというのは、人身傷害保険が、被害者側の過失に優先充当されるという性質を持った保険（被害者の損害をできる限り最大限填補する趣旨の保険）であるためです。

　ただし、人身傷害保険は保険契約であることから、各保険会社によって微妙な違いがありますので、利用の際は適用約款をチェックする必要があります。特に重要な点は、人身傷害保険金の控除に関する規定です。

　多くの人身傷害保険約款では、加害者等（賠償保険会社、自賠責保険を含みます。）からの損害の填補があった場合には人身傷害保険金から同額を控除するとされているため、被害者の過失の大きいケースでは、人身傷害保険を先行受領しておけば被害者の損害を十分に填補できたのに、賠償保険の受

第2章　交通事故　　37

領を先行したために損害を十分に填補できないという可能性もあるので注意
が必要です。

2　訴訟差額基準説

　人身傷害保険の、「被害者側の過失に優先充当」という性質については、直
接的には人身傷害保険会社の求償の範囲の話としてですが、最高裁が、「上記
条項に基づき被害者が被った損害に対して保険金を支払った保険会社は、上
記保険金の額と被害者の加害者に対する過失相殺後の損害賠償請求権の額と
の合計額が民法上認められるべき過失相殺前の損害額を上回る場合に限り、
その上回る部分に相当する額の範囲で保険金請求権者の加害者に対する損害
賠償請求権を代位取得する。」として（最判平24・2・20判時2145・103）、訴訟差額
基準説を採用することを明らかにしています。

3　搭乗者傷害保険と損益相殺

　搭乗者傷害保険は、その性質として損害の填補というより保険料の対価と
いう側面が強いため、受領しても損益相殺の対象になりません。したがって、
先に受領しても全く問題ありません。

【19】 労災保険と通勤災害

今回の事故は自転車通勤中の事故なのですが、会社の規定では自転車通勤は禁止されていました。労災保険は使えますか。また、こちらの過失がゼロの場合に労災保険を使うメリットはありますか。

相談対応の ポイント	◇通勤災害の場合に労災保険が使えるかは具体的状況による。 ◇会社の規定で禁止されていた自転車通勤中であることのみでは労災保険不適用とはならない。 ◇被害者に過失がない場合も労災保険を使うメリットはある。

1 通勤災害の労災保険適用基準

交通事故の場合であっても、業務関連性が認められる限り労災保険を利用することができます。したがって、原則として通勤の際に起きた交通事故の場合でも労災保険を利用することはできます。

なお、被害者の通勤方法が、会社の規定に反するものであっても、合理的な通勤方法だと認められる限りは業務関連性が肯定され労災保険を利用することができます。規定違反が直ちに労災保険適用を否定することにはなりませんので注意が必要です。

2 労災保険利用のメリット

労災保険が使えることで、以下のような様々なメリットがありますので、被害者側代理人としては労災保険利用を積極的に勧めるべきでしょう。

(1) 過失相殺される場合

積極損害を補填する趣旨で支払われる労災保険金は積極損害のみに、消極損害を補填する趣旨で支払われる労災保険金は消極損害のみに充当されるという性質上（費目拘束）、労災保険金は、被害者側に過失相殺されるべき落ち度がある場合には利用価値が高いといえます。例えば、被害者は自己過失部分に相当する治療費について負担せずに済みます。

(2)　保険会社の対応に左右されない

　労災保険を使えることで、治療費や休業損害の先行払いに賠償保険会社が応じないようなときでも治療を受けやすくなります。ただし、あまり長期の治療や休業をしていると、結局示談の際に期間の相当性を争点化されるリスクもあるので、その点は相談者に明確に説明しておいた方がよいでしょう。

(3)　特別支給金

　被害者に過失相殺されるべき落ち度がない場合には、理屈としては賠償保険会社から全損害の補填を受けることができるので労災保険利用のメリットはないように思えますが、特別支給金を受領できるという点でメリットがあります。特別支給金は損益相殺の対象とならないため、全損害を賠償保険会社から受領した被害者でも受領することができるためです。

(4)　アフターケア制度

　賠償論では、症状固定後の治療は原則として認められませんが、労災保険のアフターケア制度を用いて治療を継続することができる場合もありますので、同制度を相談者に紹介できる程度には頭に入れておくべきでしょう。

40　　　　　　　　第2章　交通事故

第4　裁判・調停とADR

【20】　ADR等

　保険会社と示談交渉しましたが全く折り合いが付かないので、裁判
や調停しかないのかと思っていたら、ＡＤＲという手続もあると聞き
ました。交通事故におけるＡＤＲにはどのようなものがあり、裁判や
調停と比べどのようなメリットやデメリットがありますか。裁判をす
る場合には、被告にするのは加害者と任意保険会社のいずれでしょう
か。どちらを被告にするかでメリットやデメリットがありますか。

相談対応の ポイント	◇交通事故における主なＡＤＲとして交通事故紛争処理センターや日弁連交通事故相談センターの利用を検討。 ◇訴訟提起では、加害者を被告とすれば足りるが、任意保険会社を共同被告とする場合もある。

1　交通事故紛争処理センター

　交通事故紛争処理センターは、自動車事故の損害賠償に関する紛争を迅速
に解決する公益財団法人です。弁護士による、①法律相談、②示談あっ旋、
③紛争解決のための審査が主な業務です。利用は無料です。

　示談あっ旋は、申立人が、担当弁護士への相談後に要請することにより、
申立人及び相手方の出席の下、担当弁護士が、事故状況の説明や賠償額に関
する意見を聞き、中立公正な立場であっ旋案を作って双方へ提示し、和解さ
せる手続です。人身損害の場合、3回のあっ旋で70％以上の和解が成立して
います。相談からあっ旋・示談書作成まで4か月程度です。

　紛争解決のための審査は、あっ旋不調の場合、当事者の申立てにより、審
議会が合議して出した結論を当事者に告知する手続です。申立人は、裁定不
同意ができますが、任意保険会社等は、申立人が同意した場合は裁定を尊重
することになっています。

第2章　交通事故　　41

自動車事故以外の事故（自転車と歩行者の事故、自転車同士の事故）は扱いません。

2　日弁連交通事故相談センター（N-TACC）

N-TACCは、日弁連が、人権擁護と社会正義実現のため、交通事故被害者の救済を目的として設立した公益財団法人です。弁護士による、①電話及び面談での法律相談、②示談あっ旋が主な業務です。利用は無料です。自動車事故以外の事故は扱いません。

3　ＡＤＲのメリット・デメリット

利用無料、簡易迅速な解決というメリットがある反面、事実関係（事故状況や損害額）の主張が大きく食い違う場合は向かない、証拠収集方法が限られる（嘱託、鑑定、尋問等は不可）というデメリットがあります。

4　訴訟における被告の選択

訴訟を提起する場合、加害者（運行供用者や使用者を含みます。）を被告とすれば足ります。和解や判決により訴訟が終了すれば、その内容に従い任意保険会社は保険金を支払うからです。

しかし、任意保険会社が示談交渉時から故意による事故である、又は保険契約締結前に事故が既発生（アフター・ロス契約）などと主張し、保険金の支払を争うと認められる場合は、保険約款に規定された被害者の直接請求条項に基づき、任意保険会社をも被告として損害賠償請求をする必要があります。任意保険会社を被告に加えると管轄は広がりますが、移送される可能性もあるので、管轄のために加えることはお勧めしません。

第1 方針決定段階における法律相談

【21】 相談時の聴取事項

いろいろな業者から毎日のように督促の手紙や電話があり、ノイローゼになりそうです。今の収入では、毎月の支払ができないのですが、何か良い方法はありますか。

相談対応のポイント	◇債務整理における各制度の説明、受任通知の効果などを説明。 ◇いずれの制度の利用が得策か判断するため、債務一覧表や収支状況及び支払不能に至った原因などを聴取する。

1 受任通知の効果

受任通知が到達すれば、ほとんどの債権者からの取立ては停止します（貸金業21、債権管理回収業に関する特別措置法18⑧）。貸金業者が正当な理由がないのに直接取り立てた場合には、行政処分（貸金業24の6の4）と刑事罰（貸金業47の3）の対象となります。

ヤミ金融に対する受任通知には、公序良俗違反（民90）及び貸金業法違反（貸金業42）により無効である旨、及び受領した金員については不法原因給付で返還できない旨を記します。また、近時のほとんどのヤミ金融は、固定電話を有さずに所在も不明であることが多く、その場合には、①弁護士等が直接電話をして告知する、②その電話でファクシミリの番号を聞き出して通知書を送付するなどの方法によることとなります。

受任通知は、受任後遅滞なく発送し、特にヤミ金融の場合には直ちに発送するようにします。銀行からの借入れがある場合、受任通知を発送する前に、当該銀行の預金口座の残高を引き出すことに加えて、例えば、当該口座が給与等の振込先になっているときには振込先口座を変更すること等により、預金と相殺されることを回避します。

第3章　債務整理　　　43

2　方針決定のための聴取事項

　方針決定のため、少なくとも以下の事項を聴取します。

① 相談者の情報

　　連絡先（相談時と借入時）、家族構成、勤務先・職種・収入

② 債権者の情報

　　名称、住所、電話番号、利用形態及び用途、負債残高、最初の借入時期、最後の返済時期、保証の有無

③ 資産情報

　　現金、預貯金、不動産、自動車、会員権、株式・有価証券、加入保険、過去に処分した財産、その他財産的価値のある物や債権

④ その他

　　月々の支出と内訳、月々の支払可能額

　勤務先・職種から、破産による資格制限の有無や、仕事の安定度及び退職金の見込みを立てます。

　最初の借入時期から、利息制限法違反の見込みを立て、過払金発生の可能性を見通します。最後の返済時期から、消滅時効が完成しているかの見込みを立てます。

　不動産や自動車その他の財産的価値がある資産を有する場合、自己破産による不利益や、個人再生をしたときの清算価値保障に注意が必要です。生命保険は、解約返戻金の有無・金額により、自己破産による不利益になり得ることから注意が必要です。

　相談者の家族構成は、援助者の有無、返済義務が残る任意整理や個人再生を選択することの妥当性の判断材料となります。

第3章

【22】　方針決定

借金の月々の返済を減らしたいのですが、警備員の仕事をしているため破産は避けたいです。破産以外の方法はありますか。複数の方法がある場合、それぞれのメリットとデメリットを教えてください。

相談対応の ポイント	◇債務整理の各制度やそれぞれのメリットとデメリットを説明し、方針を決定。 ◇警備員の資格との関係で資格制限がある自己破産は難しい。

1　各制度の概要

(1)　自己破産

支払不能に陥った債務者自らの申立てにより、公租公課や養育費等の特定の債務（破253①ただし書）を除いて支払を免れる制度です。破産手続開始決定と同時に破産管財人が選任される管財手続が原則となりますが、債務者に換価を要する財産がなく（【25】参照）、免責調査（【29】参照）の必要もない場合には、破産手続開始決定と同時に廃止決定がなされる同時廃止となります。

(2)　個人再生

支払不能に陥るおそれのある債務者が、法律の定める要件を満たす金額を原則として3年間で返済するという再生計画を立て、これが裁判所に認可されると、公租公課等の一般優先債権（民再122②）、養育費等の非減免債権（民再229③）など特定のものを除いて、債務が減免される制度です。小規模個人再生と給与所得者等再生の2つの手続があります。

(3)　任意整理

公的機関を利用せず、当事者間の合意により支払総額や分割方法等を定めて、債務の整理を行う方法です。

(4)　特定調停

簡易裁判所の調停手続を利用して、当事者間で合意を成立させて調停調書を作成し、あるいは調停に代わる決定により解決する制度です。

第3章　債務整理　　45

2　各制度のメリットとデメリット

各制度のメリットとデメリットは、以下のとおりです。

	メリット	デメリット
自己破産	・成功すれば、特定の債務を除き支払を免れる。 ・免責不許可事由があっても裁量免責の可能性がある。 ・債務者の意思に関係ない。	・資格制限がある。 ・基本的に財産は換価されるし、解約返戻金がある生命保険は解約される。
個人再生	・資格制限がない。 ・住宅資金特別条項を利用できれば、住宅を維持しつつ債務整理可能。 ・元本カットも可能。 ・債権者全員の同意は不要。 ・手続中、強制執行のおそれなし。	・手間がかかる。 ・債権者数の半数以上が再生計画案に書面で反対した場合には実現できない（小規模個人再生）。 ・債権総額の半分を超える部分に相当する債権者が再生計画案に書面で反対した場合には実現できない（小規模個人再生）。 ・定期的に変動幅が小さい収入があることが要件となる（給与所得者等再生）。 ・可処分所得の2年分の額を下回れない（給与所得者等再生）。
任意整理	・早期に決着がつく。 ・資格制限を回避できる。 ・自宅等の財産を保持できる。	・利息制限法で引き直した残金は支払が続く。 ・金融機関により対応に差異がある。 ・元本等の減額は基本的には難しい。
特定調停	・調停の間、強制執行の停止が可能（立担保が必要）。 ・調停委員会による取引経過等の資料提出命令の制度がある。	・解決の仕方に差異がある。 ・調停調書の内容は債務名義になる。

このような各制度のメリットとデメリットを考慮して、相談者にとって重要な事情などを考え、方針決定をすることになります。

第3章　債務整理

【23】　家計状況の見直し

　4人の子どもを含む6人家族ですが、夫がキャバクラに通い収入の大部分を使ってしまいます。家賃や生活費のために借入れをしていましたが、最近、返済やクレジットカードの支払が滞っています。特に援助してくれる人もいません。どうしたらよいですか。

相談対応の ポ イ ン ト	◇手段としては任意整理、個人再生、自己破産申立てがあるが自己破産を選択すべき。 ◇相談者の生活再建に向けての家族間のコミュニケーションに弁護士が介入することも考えられる。

1　法的手段の検討

　資格制限がある職種（【28】参照）でない場合には、自己破産申立てが考えられます。借金の原因等によっては、免責不許可事由に該当することもありますが、その場合には、裁量免責を目指して最善を尽くすことになります。

　任意整理や個人再生も不可能ではないものの、自己破産に比べて、そのメリットは大きくないと考えられます。

2　家計状況の見直し

　夫がキャバクラ通いを止められず、収入の大部分をキャバクラ費用に使っている状況ですので、仮に自己破産申立てによって免責が認められたとしても、その生活が変わらない限り、家計の状況は破綻したままで生活再建に繋がりません。

　そこで、現状の収支バランスが崩れている事案の相談を受けた場合には、収入と支出を可視化することによって収支バランスを家族で考えてもらうことが重要です。場合によっては、弁護士がコミュニケーションの仲介に入り、極端に大きな支出があったり、あるいは不必要な支出があったときには、その支出を抑えるように助言することなども考えられます。

　受任通知を発した段階から新たな借入れ等はできなくなりますので、それ

第3章　債務整理　　　47

で生活費が足りないなどという状況にならないよう、家計を見直すことも重
要です。

3　公的援助制度の活用

　家計の状況を見直しても、家族構成や収入状況などから、収支バランスが
取れない場合があり得ます。

　そのような場合には、その内容に応じて、生活保護制度、社会保険料等の
公的負担の減免措置、子ども・学費の関係では児童生徒就学援助制度、雇用
の関係では各種就労支援制度などを最大限活用することが考えられます。本
件相談とは関連性が薄いですが、一人親家庭の場合には一人親家庭への福祉
的手当等の公的現金給付制度、一時的な資金的需要の場合には生活福祉資金
貸付制度等の公的貸付制度などの利用も考えられます。

　前記のうち、例えば生活保護などでは法律要件の誤った理解の基で違法な
窓口規制（不受理など）が行われることもありますので、場合によっては、
弁護士が申請に同行するなどの方法も検討します。

第2　任意整理に関する法律相談

【24】　任意整理

カード会社から一括で支払うように請求が来ていますが、払えません。職業的に破産は避けたいのですが、分割払にしてもらう方法はありませんか。その場合、他の債権者からの請求はどうなりますか。

相談対応のポイント	◇債権者と交渉し、合意に至れば分割払により支払うことも可能。 ◇複数債権者がいる場合には、原則として特定の債権者のみと合意を行うのではなく、全債権者との間で同様の合意を得る必要がある。

1　任意整理とは

任意整理とは、各債権者と個別に相対交渉をして、元本の減額や、分割払による返済を試み、和解をすることです。相談者に安定した収入があり、弁済原資（毎月返済に回すことができるお金）を一定額継続して準備できる場合に、任意整理を検討することになります。

2　任意整理の方法

(1)　任意整理に当たっての聴取事項

聴取事項については【21】と同様です。特に債務総額、借入時期や最終弁済日は、過払金の有無や消滅時効（貸金業者からの借入れは5年（商522））の成否を検討するために必要です。

任意整理を選択する上でのポイントは、おおよそ3年で完済できる程度の弁済原資を毎月安定して確保できるか否かです。弁済原資は、毎月の収入から家賃等の必要経費を差し引いた額を基に算定します。家賃を引いた手取り収入の3割から3分の1程度が目安となります。したがって、相談者の世帯収入や支出の状況は具体的に聴取する必要があります。

第3章　債務整理　　49

(2)　和解内容について

　和解内容について、「クレジット・サラ金処理の東京三弁護士会統一基準」
という処理準則の中で利息・遅延損害金等の加算を行わない旨が示されていま
す。しかし、実際には減額に応じない債権者も多く、必ずしも統一基準に
従った内容で和解はできません。他方で、分割回数についてはある程度柔軟
に対応してくる場合もあり、4年ないし5年程度でも合意できる例もあります。

　債権者が複数いる場合には、任意整理が各債権者との相対交渉ではあると
しても、できる限り債権者平等の原則に従うべきです。限られた弁済原資の
中で、極端に分配額や分割期間の長短に差をつけるのは債権者平等の原則に
反する可能性があります。

3　一部債権者との任意整理について

　相談者から、特定の一部債権者のみとの任意整理をしたい旨の相談を受け
ることがあります。一部債権者のみと任意整理をすることにはリスクが伴い
ます。すなわち、仮に一部債権者のみと任意整理を行ったものの、その後に
止むを得ず自己破産に切り替える場合、偏頗弁済として免責不許可事由（破
252①三）に該当する可能性があり、原則としてすべきではありません。どう
しても一部債権者との任意整理をする希望が強い場合、その理由や背景事情
を十分に聴取の上、自己破産に切り替えた際のリスクを十分に説明し、場合
によっては書面に残しておく必要があるかと思います。

4　任意整理の流れ

　以上をまとめると、任意整理の大きな流れは以下のとおりです。
①　毎月の収入と弁済原資を確定
②　取引履歴の開示を行い、債務総額を確定
③　できる限り債権者平等の原則に従った和解案を作成
④　（返済期間はおおよそ3年以内。もっとも、場合によっては4年ないし5年
　　も可能な場合がある。）

50 第3章 債務整理

第3 自己破産・個人再生に共通する法律相談

【25】 破産・個人再生に要する費用と期間

破産や個人再生をする際、どの程度の費用がかかるのでしょうか。
また、破産や個人再生は、どの程度の期間がかかるのでしょうか。

相談対応の ポイント	◇自己破産や個人再生の費用には裁判所に支払う手続 費用と弁護士費用がある。 ◇自己破産の場合には同時廃止事件か管財事件かによ り額が異なる。 ◇期間は手続と事案の内容による。

1 自己破産や個人再生に要する裁判費用

自己破産の手続には、同時廃止事件と管財事件の2種類の手続があります。同時廃止事件とは、裁判所が「破産財団をもって破産手続の費用を支弁するのに不足すると認めるとき」に、破産手続開始決定と同時に破産手続を廃止することをいいます（破216①、中山孝雄ほか編『破産管財の手引き』31頁以下（金融財政事情研究科会、第2版、2015））。管財事件とは、破産手続開始と同日に裁判所から破産管財人が選任され、破産者の財産を管理換価して、破産債権者へ配当する手続を行うことをいいます。債務者が個人であって、33万円以上の現金や20万円以上の換価対象財産、免責不許可事由（破252①）がないことが明らかであれば、同時廃止となります。それ以外の場合や法人破産と併せて代表者個人の自己破産を申し立てる場合などには管財事件となります。各手続に係る裁判費用は次頁の一覧表のとおりです。

個人再生の手続には、小規模個人再生と給与所得者個人再生の2つの手続がありますが、裁判費用に違いはありません。申立てに係る裁判費用は、次頁の一覧表のとおりです。東京地裁では、全件再生委員が選任されるため、再生委員報酬15万円が必要です。同報酬は、再生計画の履行テストとして分割払することとなります。

第3章　債務整理

＜裁判費用一覧表（東京地裁の場合）＞

	自己破産		個人法人並存				個人再生	
			個人分		法人分			
収入印紙		¥1,500		¥1,500		¥1,000		¥10,000
郵　券	¥205×8	¥1,640	¥205×8	¥1,640	¥205×8	¥1,640	¥120×2	¥240
	¥82×29	¥2,378	¥82×29	¥2,378	¥82×29	¥2,378	¥82×10	¥820
	¥10×6	¥60	¥10×6	¥60	¥10×6	¥60	¥20×20	¥400
	¥2×11	¥22	¥2×11	¥22	¥2×11	¥22	¥10×13	¥130
							¥1×10	¥10
	計	¥4,100	計	¥4,100	計	¥4,100	計	¥1,600
官公告費報	¥16,550（※同時廃止の場合は¥10,584）		¥16,550		¥13,197		¥12,268	
引継予納金	¥200,000（※同時廃止の場合は不要）		¥200,000				分割予納金	¥150,000
合　計	¥222,150（※同時廃止の場合は¥16,184）		¥240,447				¥173,868	

2　弁護士費用

　債務整理の場合、法テラスを利用することが多いですが、法テラスを利用できない場合、東京三弁護士会のクレジット・サラ金事件報酬基準が参考になります。同基準では、自己破産の場合、着手金20万円以内、免責報酬20万円以内とされています。法人破産の場合は債務総額や債権者数等の事務処理の量に応じて相当な額を算定することになります。個人再生の場合、自己破産と比して申立代理人の事務処理量が多いことから着手金30万円以内、再生計画認可決定報酬30万円（事案簡明の場合20万円以内）とされています。

3　自己破産や個人再生に要する期間

　申立てから免責までの期間の目安としては、個人破産で同時廃止事件の場合は申し立ててから3か月程度、管財事件の場合は、管財人の業務処理量や管財費用の支払状況等によって長短ありますが、大型の破産事件でなければおおよそ3か月から8か月程度です。

　個人再生の場合は、再生計画策定から認可までの期間を要するため、平均して自己破産よりも長く、事案の内容にもよりますが、おおよそ6か月程度はかかるものと思われます。

52　　　　　第3章　債務整理

【26】　退職金・生命保険の取扱い

　私は5年後に定年で退職する見込みですが、定年退職の際には退職金が支給されます。破産や個人再生をすると、この退職金は全部債権者に取られてしまいますか。また、生命保険を掛けているのですが、生命保険を解約しなければいけなくなりますか。

相談対応のポイント	◇退職金の見込額が一定額以上あれば破産財団を構成。 ◇生命保険等の解約返戻金が一定額以上あれば、全額が破産財団を構成するため、解約が必要になる場合がある。

1　退職金の財産価値計算

　退職までしばらく期間がある場合、申立て時に自主退職した場合に支給される見込額の8分の1が20万円を超える場合には、その8分の1相当額が破産財団（破産手続開始と同時に破産管財人によって管理される破産者の財産又は相続財産であって、破産債権者の共同の満足に充てられるもの（中山孝雄ほか編『破産管財の手引き』138頁以下（金融財政事情研究会、第2版、2015）））を構成します。破産手続開始後に退職した場合、退職金の4分の1が20万円を超える場合には、その4分の1相当額が破産財団を構成します。以上に該当しない場合、退職金は破産財団を構成しません。

2　生命保険の解約返戻金について

　生命保険等の解約返戻金合計額が20万円を超える場合、合計額の全てが破産財団を構成することになり、生命保険等を解約せざるを得ません。もっとも、同額の合計が20万円以下であれば解約する必要はありません。この「合計額20万円」には、生命保険に限らず医療保険や傷害保険等の名称のいかんを問わず、解約返戻金のある各保険が全て合算されることに注意が必要です。

第3章　債務整理　　53

3　個人再生における清算価値保障の原則について

(1)　清算価値保障の原則

　清算価値保障の原則とは、再生計画の弁済率が破産における配当率以上でなければならない原則をいいます（鹿子木康ほか編『個人再生の手引き』207頁（判例タイムズ社、2011））。つまり、個人再生は自己破産と異なり債務者の財産の一部又は全部を保持できる代わりに、保持する財産価値と同額を返済する必要があります。したがって、再生債務者が清算価値のある財産を複数保有しているような場合には、必ずしも【30】で述べる額まで減額されないどころか、弁済率が100％となる場合もあり得ることに注意が必要です。

(2)　退職金及び解約返戻金の清算価値

　個人再生申立てにおける退職金及び解約返戻金の清算価値の算定は、前述した清算価値保障の原則から、自己破産を申し立てた場合と同様の計算方法により算定します。

　その他、換価対象又は清算価値に算入されない財産は以下のとおりです（前掲『個人再生の手引』210頁）。

①　99万円に満つるまでの現金
②　残高20万円以下の預貯金
③　見込額が20万円以下の保険解約返戻金
④　処分見込価額が20万円以下の自動車
⑤　居住用家屋の敷金
⑥　電話加入権
⑦　見込額の8分の1相当額が20万円以下の退職金
⑧　見込額の8分の1相当額が20万円を超える退職金の8分の7
⑨　家財道具
⑩　差押禁止動産及び債権

【27】 住宅ローンの取扱い

　自宅の住宅ローンが残っているのですが、家を手放さないで借金を減額する方法はありませんか。住宅ローンが夫婦でのペアローンの場合で、夫の私だけ支払えなくなってしまったらどうなりますか。

相談対応のポイント	◇個人再生を申し立て、住宅資金特別条項を定めた再生計画が認可されれば、住宅ローン以外の借金を減額しつつ、住宅ローンの支払を継続可能。 ◇ペアローンの場合、夫のみの個人再生申立てであっても住宅資金特別条項の利用が認められる可能性あり。

1　相談時の注意

　債務整理の相談において、自宅を手放さずに債務整理をする方法はないかとの相談を受けることがあります。確かに、個人再生を申し立て、住宅資金特別条項を定めた再生計画が認可されれば、住宅ローン以外の借金を減額しつつ、住宅ローンの支払を継続することが可能です。しかし、安易に個人再生によれば自宅を手放さずに済むなどと回答すべきではありません。住宅資金特別条項を定めるには、後述する基本的要件に該当するか調査する必要があるため、初回の相談段階では住宅資金特別条項が利用できるか否かは断定できないと回答すべきです。

2　住宅資金特別条項が定められる要件

　基本的要件は次のとおりです。(鹿子木康ほか編『個人再生の手引き』330頁(判例タイムズ社、2011))

①　再生債務者が「住宅」を所有していること

②　「住宅」に「住宅資金貸付債権(同債権を保証する保証会社の求償権)」を被担保債権とする抵当権が設定されていること

③　要件②以外の担保権が設定されていないこと

要件①の「住宅」とは、再生債務者が所有及び居住している建物をいい、居宅兼住宅等である場合でも建物床面積の2分の1以上を居宅として利用しているものをいいます（民再196一）。住宅を夫婦や親子で共有する場合も「住宅」に該当します。転勤や単身赴任等により再生債務者が一時的に居住していなくても、将来的に居住する可能性があれば住宅と認められる余地があります。要件②の住宅資金貸付債権とは、住宅の建設や購入に必要な資金（敷地や借地権の購入資金も含みます。）か、住宅の改良に必要な資金を分割払の約定で貸し付けた債権をいいます（民再196三）。

特に要件③について注意が必要です。例えば税金等の滞納処分により住宅に差押えがされている場合には要件③を充足しません。また、特にマンションを対象とする場合、管理費滞納の有無の確認が必須です。管理費は、区分所有権等に対して先取特権を有しますので（区分所有7①）、管理費の滞納があると要件③を満たさないことになります。

そのほか、住宅資金特別条項の内容（リスケジュール型、元本猶予期間併用型）によっては、再生債務者が最終弁済期に70歳を超えないことが必要になりますので、相談者の年齢にも注意が必要です。

3　夫婦等のペアローンの場合

ペアローンとは、同居する夫婦（あるいは親子）が、共有する住宅の持分に従ってそれぞれ債務者として住宅資金貸付債権を借り入れ、それぞれの住宅資金貸付債権を被担保債権として住宅全体に抵当権が設定されていることをいいます。例えばペアローンの夫婦が同時に個人再生を申し立てた場合、同時に住宅資金特別条項付再生計画が認可されることで、要件③への抵触を回避できますが、一方のみの申立ての場合は、基本的に上記要件③に反することとなります。もっとも、東京地裁の運用では、一方のみの申立てであっても、申し立てない側の債務の負担状況、弁済状況、収入状況、債権者の意向等の具体的事情を総合考慮し、再生委員の意見も踏まえた上で、住宅資金特別条項を定めた再生計画が認可される可能性はあります。

56　　　　第3章　債務整理

第4　破産に関する法律相談

【28】　破産をしたときのリスク・デメリット

破産するのは怖いです。破産すると家族や近所に伝わってしまったり、あるいは、家にある家具や手元にある現金などが全て処分されてしまうのではないですか。破産することのリスクを冷静に考えたいと思うので、破産のデメリットを教えてください。

相談対応のポイント	◇破産した事実は官報に掲載。ただし、通知は一定範囲に対してのみ。 ◇破産した場合、信用情報機関に登録されたり、一部資格制限を受けるが、生活に必要な一部の財産は自由財産として破産後も自由に使用可能。

1　破産時の手続

裁判所は、破産手続開始決定をしたとき、破産者の氏名、住所や破産手続が開始したこと等を官報に掲載します（破32①）。また、知れている債権者には、個別に通知をしなければなりません（破32③）。

しかし、その範囲を超えて「破産したこと」が周知されるわけではありませんから、官報を都度確認していない限り、職場や友人、近隣の住民らに、破産した事実が伝わることは、基本的にはありません（それらの者が債権者である場合を除きます。）。

ただし、破産者は破産管財人等に対する説明義務を負っていますし（破40）、東京地裁破産再生部では、申立ての際に世帯全体の「家計の状況」の提出を求めていますから、手続を円滑に進めるためには家族の協力が不可欠です。また、生活状況等について、破産管財人が家族に事情聴取を行うことも考えられます。そのため、家族に破産を知られずに手続を進めることは難しいでしょう。

2 破産のデメリット

(1) 財産の管理処分権の喪失

破産手続開始決定後、破産者の財産の管理処分権は全て破産管財人に専属し（破78）、破産者は自由に財産を処分することができなくなります。ただし、99万円までの現金や、生活に欠くことができない衣服・家具、職業又は生活に欠くことができないもの等の自由財産（破34③、民執131等）は、破産手続開始後も、なお、破産者が自由に使用することができます。

(2) 信用情報機関への登録

破産者が破産開始決定を受けたことは、債権者を通じて信用情報機関（JICC、CIC、KCS等）に登録されます。信用情報機関とは、加盟する会員会社から登録される信用情報を管理・提供する機関で、延滞や代位弁済、破産などの事故情報を保管しています。いわゆる「ブラックリストに載る」とは、「信用情報機関に事故情報が掲載されること」と言ってよいでしょう。

前記いずれの信用情報機関でも、支払状況を表す情報は契約終了後5年間保有されます。そのため、貸金業者等は信用情報機関に確認をすることで、最低5年間は、破産した事実や延滞した事実を知ることができます。なお、KCSは、官報情報（すなわち、破産開始決定を受けた記録）を10年間保管しているので、注意が必要です。

(3) 資格の喪失

特定の資格においては、「破産者であって復権を得ない者」（参考：破255①・256①）が欠格事由とされており、破産により、従前有していた資格を喪失してしまうことがあります。例えば、弁護士（弁護士7①五）等の士業、警備員（警備業法14）、証券外務員（金商64の2）、ＮＰＯ法人の役員（特定非営利活動促進法20①二）などです。他にも、委任契約は破産により終了することから（民653①二）、株式会社の取締役が、破産後もなお取締役で居続けることはできません（再度、取締役として選任し直してもらうことは可能です。）。

58　　　　　　　　　第3章　債務整理

【29】　免　責

　投資に失敗して多額の借金を負いました。投資の失敗による借金は
破産してもなくならないと聞きましたが、本当でしょうか。

相談対応の ポイント	◇投資による借金は免責不許可事由に当たるが、裁量 　免責も可能。 ◇裁量免責は破産者の破産後の説明が尽くされている 　かなども考慮されるので、十分な調査・検討を行う。

1　免責制度の概要

　個人の債務者は、破産手続開始決定が確定した日から1か月以内の間、免責
許可の申立てをすることができます（破248）。免責を得ると、非免責債権（下
記3参照）を除き、破産債権について責任を免れることができます（破253）。

　自己破産を申し立てる際には「破産手続開始申立て」と「免責許可申立て」
を同時に行うことが一般的ですが、厳密には別の手続であるため、特に債権
者から破産申立てがなされた場合に免責を得るためには、自ら免責許可申立
てを行うことが必要になります。注意しましょう。

2　免責許可の要件

（1）　免責不許可事由

　裁判所は、次のような免責不許可事由がない限り、免責許可をしなければ
なりません（破252①）。

① 　財産を隠匿・損壊したこと
② 　偏頗弁済をしたこと
③ 　浪費、賭博その他の射幸行為をしたこと
④ 　説明を拒み、虚偽の説明をしたこと
⑤ 　破産管財人等の業務を妨害したこと

　特に、上記③は、消費者の場合に多々問題になりますが、「浪費」とは、そ
の地位、職業、収入及び財産状態に比して通常の程度を超えた支出をしたこ

とであり、「賭博その他の射幸行為」には、競馬、パチンコ等のギャンブルのほか、先物取引、ＦＸ取引などのいわゆる投機を目的とする取引が含まれると解されています。

（2）　裁量免責

ただし、免責不許可事由がある場合であっても、裁判所は、一切の事情を考慮して、免責許可の決定をすることができます（破252②）。考慮される「一切の事情」の中には、多額の債務を負った理由（破産に至った事情）という破産前の事情のほか、破産手続に協力したか否かという破産手続中の事情や経済的更生の可能性の有無といった破産後の事情が含まれます。

免責が不許可となる件数は、申立件数全体の約0.2%ですから、破産管財人による免責調査を経て、多くの場合に免責許可が認められているといえるでしょう。

3　非免責債権

免責が許可された場合でも、租税等の請求権、不法行為に基づく損害賠償請求権（悪意で加えた又は故意・重過失により人の生命・身体を害するものに限ります。）、婚姻費用・養育費請求権等の「非免責債権」については責任を免れることができません（破253①）。

特に、租税等の滞納額が多額に上っている場合には、注意が必要です。破産手続終結後の支払について検討する必要があります。

また、破産手続中に、当該債権が非免責債権であるか否かは審理されず、破産手続終結後の通常訴訟の中で争われることになります。免責許可を得ていることが、請求権に対する抗弁となります。

第5　個人再生に関する法律相談

【30】　個人再生全般

個人再生を申し立てると借金が減額されると聞きましたが、どのような制度でしょうか。また、借金は、どの程度減額されますか。

相談対応のポイント	◇個人再生手続では再生計画の認可決定確定により、不服のある債権者の債権も強制的に再生計画に従って権利変更される。 ◇再生計画認可により、債務者は、減免された金額を原則3年以内（例外5年）の分割払で支払う。

1　個人再生の制度説明

個人再生手続は、資格制限や財産清算等の必要がなく、債務の減免と分割払を実現できる制度です。任意整理や特定調停とは異なり、再生計画の認可決定が確定すると、それに不服のある債権者の債権も強制的に再生計画に従って権利変更されます。

個人再生申立てから裁判所での手続が終結するまでに要する期間は、おおむね6か月です。

個人再生手続を利用できる者は、経済的に困窮している個人であって、かつ将来において継続的又は反復して収入を得る見込みがある者です。また、住宅ローン等を除く負債総額が5,000万円以下であることが必要です。

2　減免額

減免額は、以下のとおりです。ただし、仮に破産となった場合に破産債権者に配当されるべき財産総額を下回ってはならないものとされています（清算価値保障の原則、【26】参照）。債務者は、再生計画認可により減免された金額を原則3年以内（例外5年）の分割払で支払います（民再229②）。

＜減免額一覧＞

```
・～  1,000,000円 → 実額弁済
・～  5,000,000円 → 1,000,000円弁済
・～15,000,000円 → 再生債権額の20％相当額弁済
・～30,000,000円 → 3,000,000円弁済
・～50,000,000円 → 再生債権額の10％相当額弁済
```

3　2種類の個人再生

　個人再生には、小規模個人再生と給与所得者等再生の2種類があります。小規模個人再生が個人再生の原則的な位置付けです。

　小規模個人再生の場合には、債権者が再生計画への同意権を有し、債権額で2分の1超の不同意、頭数で2分の1の不同意で否決になってしまいます。これに対して、給与所得者等再生の場合には、債権者は再生計画への同意権を有しません。そのため、債権者の同意・不同意の点からすれば、給与所得者等再生の方が債務者に有利なようにも思えます。

　しかし、給与所得者等再生の場合には、次の点で小規模個人再生よりも要件と弁済額基準が厳しくなっています。

① 　要件：給与又はこれに類する定期的な収入があること、及び給与等変動幅が小さいこと。

② 　弁済額基準：可処分所得額の2年分を下回ってはならない。

4　申立てへの準備等

　申立費用については【25】を参照してください。そのほか、東京地裁の運用では、宛名を記載して郵券を貼付した封筒の提出を求められることがあります。また住宅資金特別条項付きの再生計画案を検討する場合には、住宅ローンの支払状況を調査し、申立てに当たって住宅ローン債権者と事前に協議をしておく必要があります。

第1 債権の管理に関する法律相談

【31】 貸金と保証

友人から、100万円を貸してほしいと頼まれました。どのような点に注意して貸すべきでしょうか。また、友人の親に連帯保証をしてほしいと思っています。どのような手続をとればよいですか。

相談対応のポイント	◇「貸金」であることを明確にするため返還を約束させる。 ◇書面によらない保証契約は無効ゆえ、契約書を作成し、書面上で返還約束をさせ、連帯保証人に署名・押印をもらう。

1 消費貸借契約の成立

金銭消費貸借契約が成立するためには、①返還約束、②金銭の交付の2点が必要です（民587）。訴訟においては、①返還約束の有無が問題となることが多く、相手方から「贈与を受けた」という主張がなされることが度々あります。

相手方の現住所に住民票がない場合、当該住所を相手方の住所地として訴訟を提起しようとしても、引っ越し等により不在となっている場合があります。契約書を作成する際には、必ず住民票上の住所地を確認し、現住所と異なる場合には、現住所と住民票上の住所地（又は本籍）を併記させるべきでしょう。

消費貸借契約は要物契約ですが、改正民法では、金銭を交付する前であっても、書面を作成することで消費貸借契約を締結することが可能となります（諾成的消費貸借契約（改正民587の2））。

2 保証契約の成立

債務者が主たる債務を弁済しない場合に備えて、担保を取っておくことが有効です。担保には、物的担保と人的担保がありますが、人的担保である保証人との間で保証契約を締結する場合には、必ず、書面で合意をしなければ

第4章　債権回収　　63

なりません（民446）。したがって、連帯保証人には金銭消費貸借契約書に署名・押印してもらうとよいでしょう。

　保証人には、「先に主たる債務者に請求せよ」と主張することができる催告の抗弁（民452）と「先に主たる債務者に執行せよ」と主張することができる検索の抗弁（民453）がありますが、連帯保証人にはそのいずれもありません（民454）。保証人より連帯保証人の方が、重い責任を負うことになります。

　改正民法では、保証契約を書面ですることに加えて、事業のために負担した貸金等債務を保証する場合においては、原則として、保証契約締結前1か月以内に公正証書により保証債務を履行する意思を表示することが必要になります（改正民465の6）。また、現行民法においては、連帯保証人に対する請求等は主たる債務者にも効力が及びますが（絶対的効力）、改正民法では主たる債務者に効力が及ばないこととされています（相対的効力（改正民458））。そのため、連帯保証人に対する請求等の効力を主たる債務者に及ぼすためには、別途、当事者間の合意が必要となることに注意が必要です。その他、改正民法においては、債権者に対し、主たる債務の履行状況に関する情報の提供義務（改正民458の2）や、主たる債務者が期限の利益を喪失した場合における情報の提供義務（改正民458の3）が新たに課されています。

3　利息の定め

　金銭を貸し付ける際に利息を定めていれば、貸主は利息を収受することができます。業として行うのでない限り、利息を得ても貸金業法の規制は及ばないと解されます。利息の上限は、元本の額が10万円未満の場合年20％、10万円以上100万円未満の場合年18％、100万円以上の場合15％です（利息1）。

第4章　債権回収

【32】　消滅時効の成立

　8年前に知人に500万円を貸し、返済してほしいと依頼しているのですが、返済してもらえません。民法が改正されて時効が短くなると聞きましたが、お金を返してもらえるのでしょうか。

相談対応のポイント	◇消滅時効期間は原則10年。事業資金として貸した場合は5年。 ◇改正民法の施行後、貸金の消滅時効は一律5年。

1　消滅時効の期間

　原則として、債権は10年間、債権又は所有権以外の財産権は20年間行使しないときに消滅しますが（民167）、時効による債権消滅の効果を主張するためには、援用をすることが必要です（民145）。

　消滅時効の期間には多くの例外が規定されており、例えば、商事債権は5年（商522）、不法行為に基づく損害賠償請求権は3年（民724）、商品代金債権（民173一）や労働者の賃金（労基115）は2年、旅館・飲食店の料金は1年（民174四）とされています。ただし、短期消滅時効が定められた債権であっても、確定判決を得た場合には、その時効期間は10年となります（民174の2）

　特に注意が必要なものは商事債権です。契約当事者の一方にとって商行為であれば、その時効期間は5年となります（商522）。なお、信用金庫や住宅金融支援機構は商人ではありませんから、個人の消費者が借入れを行う場合には、その時効期間は10年となります。

2　時効の中断

　時効の中断事由は、以下の3つです（民147）。

① 　（裁判上の）請求
② 　差押え、仮差押え又は仮処分
③ 　承　認

　裁判外の請求は「催告」であり、6か月以内に裁判上の請求や差押え等を行

わなければ効力を生じません（民153）。また、債務の一部弁済は、当該債務全体に対する承認となることが原則です。しかし、債権者が債務者の無知や畏怖に乗じて、又は甘言を弄して一部弁済をさせた場合などには、一部弁済をした場合の残部について、なお、消滅時効の援用を認めた裁判例があります（東京地判平7・7・26金判1011・38、札幌簡判平10・12・22判タ1040・211）。

3 改正民法における消滅時効

(1) 消滅時効期間

改正民法においては、権利を行使することができる時から10年間行使しないとき（改正民166①二）という従来の規律に加え、債権者が権利を行使することができることを知った時から5年間行使しないとき（改正民166①一）に、債権は時効により消滅することになりました。一方、定期給付債権の短期消滅時効（民169）、職業別の短期消滅時効（民170〜174）や商事消滅時効（商522）を廃止して、消滅時効期間の統一化を図っています。

また、人の生命又は身体の侵害による損害賠償請求権については、不法行為責任による場合も、契約責任による場合も、知った時から5年、権利を行使することができる時から20年として統一しています（改正民167・724の2）。

(2) 時効の改正猶予・更新

改正民法では、これまで「時効の中断」としていたものを、時効の完成猶予・更新と整理しています。

具体的には、裁判上の請求、支払督促、調停（改正民147①）や強制執行、担保権の実行（改正民148①）、仮差押え、仮処分（改正民149①）によって時効の完成が猶予され、確定判決や和解調書によって権利が確定したとき（改正民147②）や、強制執行や担保権の実行が終了すると（改正民148②）、時効が更新されます。

他にも、「権利についての協議を行う旨の合意」を書面で行うことができるようになり、①合意があった時から1年を経過した時、②1年未満の合意で定めた期間を経過した時又は③協議の続行を拒絶する旨の書面による通知がなされた時から6か月を経過した時のいずれか早い時まで、時効の完成が猶予されることとなります（改正民151）。

【33】 取引開始時の留意点

当社は新規の取引先と継続的な取引を開始したいと考えています。どのような点に注意して取引を開始すればよいですか。

相談対応の ポイント	◇十分な信用調査を行い、契約書を整え、各種担保を取得。 ◇取引開始後は与信管理と情報収集。

1 信用調査、与信管理、情報収集

新規取引を行うに当たっては、きちんと代金を回収できるよう、以下の諸点に注意してください。

(1) 信用調査

取引開始に当たり、取引先の信用調査を行いましょう。代金が未回収に終わってしまうことを避ける一番の予防策は、信用調査によって新規取引先の経営状況が良好であることを確認することです。株式会社帝国データバンクなど、外部の信用情報機関を活用することも考えられます。

(2) 与信管理

取引先にその支払能力を超える代金債務を負わせると、代金が回収できなくなる可能性が高まります。取引により取引先が負う債務の総額が、取引先の経営体力に応じて無理のない範囲にとどまるよう、適切に与信管理を行いましょう。

(3) 情報収集

万一取引先の経営状況が悪くなると、代金が回収できなくなるおそれが高まります。取引先の経営状況について、適時に情報収集を行うようにしましょう。

2 担保取得の検討

取引開始に当たり、万一代金が任意に支払われない場合に備えて、担保を取得することが考えられます。担保は、人的担保、物的担保で分類するとそ

第4章　債権回収　　67

れぞれ次のとおりです。

① 人的担保

　　保証人（連帯保証人を含みます。）

② 物的担保

　　動産（機械、工業製品等）、不動産（土地建物）、債権（預金債権、売買代金債権等）

　物的担保のうち、設定する権利の種類としては、不動産について設定する抵当権（民369）、譲渡担保権、所有権留保など様々な種類があります。

　本件相談の場合、物品を譲渡及び引き渡した時点では所有権を自社に留保し、代金完済時に所有権を移転することとすることが考えられます。このほか、動産を売買した場合は、当該動産又はその代価について先取特権という特殊な担保権を行使することができます（民311・303・304）。

3　契約書の精査

　継続的な取引の開始に際しては、取引基本契約書を締結することになります。売買対象の物品の検収、瑕疵発覚時の責任、所有権の移転時期など、当該取引の基本ルールを明確に定めておくことが、後のトラブルを防止し、債権回収の成否にも影響します。

第2 請求・保全に関する法律相談

【34】 債権回収の実践（保全手続等）

当社は雑貨卸売業を営んでおり、小売店に商品を卸しています。取引先の商店が店をたたむことを検討しているという噂を耳にしましたが、その取引先には、売掛金があり、回収できないと当社の経営も危うくなります。どのようなことをすればよいでしょうか。

相談対応のポイント	◇保全手続として仮差押えを検討。契約を解除し、商品を引き上げる。 ◇倒産前の債権回収においては、否認権の成否に注意。

1 保全手続（仮差押え）

(1) 仮差押えとは

保全手続の1つに、裁判所に申立てを行い、財産を仮に差し押さえることができる「仮差押え」という手続があります。

民事訴訟を提起し、勝訴判決を得て、強制執行として差押えを行うのが本来ですが、その間に取引先の経営状況が悪化し、処分されることで財産がなくなってしまうかもしれません。仮差押えをしておけば、債務者（本件相談の取引先）はその財産を自由に処分することができなくなり、財産は保全されますので、安心してそこから債権回収を図ることができます。

(2) 手続と留意点

仮に差し押さえる財産を特定して、裁判所に申立てを行います。仮の手続であるため、担保金が必要です。担保金の額は、おおむね被保全債権額（請求額）の1割から3割程度です。抵当権など担保権が設定されている財産については、仮差押えより担保権が優先しますので、注意が必要です。

仮差押えの対象とすることが考えられる代表的な財産は次のとおりです。

① 不動産　土地又は建物
② 債権　預金債権、売買代金債権など
③ 動産　機械、自動車など

2　商品の引上げ

　代金を回収するのではなく、その代替として、納入した商品を引き上げることも考えられます。引上げに当たっては、売買契約など商品を納入することとなった根拠となる契約を解除する必要があります。あらかじめ契約書に、取引先が代金の支払を怠った場合等に解除権が発生するよう解除条項を設けておきましょう。

3　本件相談の場合

　未収の売掛金が、売買した商品の代価である場合、先取特権という特殊な担保権を実行し（民311等）、当該動産を差し押え、又はそれに代えて当該動産の転売代金債権を差し押さえることができます。転売代金債権の差押えに成功した場合、当該転売先から直接支払を受けることができますが、その代金が支払われた後に差し押さえることはできませんので、素早い対応が必要です。

4　危機時期の留意点

　取引先が債務の支払を停止してその旨の通知を行うなど、危機的な状況に至った場合には、後になって、前記1の仮差押え手続が無効化されてしまったり、受けた弁済が債権者の平等を害するものとして、回収した金員を返還しなければならなくなってしまうこともありますので、注意してください（否認権の行使（破160以下））。

70　　　　　第４章　債権回収

【35】　交渉による債権回収

　ある会社の社長から運転資金の融通を頼まれ、会社に500万円を貸し、社長には連帯保証をしてもらいましたが、期日を過ぎても支払ってくれません。どのように請求すればよいですか。回収を弁護士に依頼する場合の費用も教えてください。

相談対応のポイント	◇内容証明郵便など記録に残る方法により、支払を請求。 ◇請求の際には、会社と連帯保証人の双方に請求する。 ◇弁護士に依頼した場合は着手金・報酬金・実費がかかる。

1　内容証明郵便の活用

　(1)　内容証明郵便とは

　内容証明郵便とは、誰が、いつ、いかなる内容の文書を、誰に宛てて差し出したかということを、郵便局が証明してくれる制度で、最も厳格な形式の郵送方法の1つです。

　内容証明郵便に特別の法的効力があるわけではありませんが、差し出した文書の内容や発信・受信の日が明確になることから、時効期間が迫っているときや、解除日を明確にしたい場合など、後日の紛争に備えて通知の記録を残すことが必要な、債権回収や交渉の際によく用いられます。

　(2)　郵送方法

　債権回収の際に使うことが考えられる主な郵送方法は、次のとおりです。

① 　内容証明郵便

　差し出した文書の内容、相手先、発信日、受信日を郵便局が証明してくれます。従来の紙による方法のほか、電子内容証明サービスによる方法でも送付できますが、資料を同封することはできず、紙による場合は字数・行数の制限があります。

② 　書留郵便

　郵便到達時に、受信者から受領印をもらいます。受取時の記録が残るほ

第4章　債権回収　　71

か、内容証明郵便とは異なり、資料を同封することができます。一般書留
では引受けから配達までの「送達過程」が記録されますが、簡易書留の場
合は、「引受けと配達のみ」が記録されます。また、種類により賠償上限額
が異なります（現金書留50万円、一般書留500万円、簡易書留5万円）。
③　特定記録郵便
　　簡易な配達方法で、郵便物の引受けを記録してくれます。受信者から受
　領印をもらわないため配達は記録されませんが、インターネット上で、受
　信者の郵便受箱に配達されたかどうかを確認できます。資料を同封するこ
　とができます。

2　請求の相手方

　本件相談の場合、会社と連帯保証人の双方に対し、未払金全額（及び遅延
損害金）を請求することが一般的です。保証人が連帯保証人の場合、お金を
借りた債務者と連帯保証人は同一の責任を負いますから（民454）、双方に対し、
それぞれ全額の支払を請求することができます。

3　弁護士への依頼

(1)　弁護士が請求する場合の違い

　債権回収は、自ら行うこともできます。しかし、相手方が任意の支払に応
じてくれないことが予想される場合等には、専門家である弁護士に回収を委
任することを検討しましょう。
　弁護士は、債権回収の各種方法に精通していますし、交渉を行う際にも、
「交渉で解決に至らない場合における法的手続」を踏まえた交渉を行ってく
れます。債権回収を成功に導くために、弁護士に依頼することは1つの選択
肢です。

(2)　弁護士報酬

　現在、弁護士報酬は自由化されていますが、多くのケースで、①着手金、
②報酬金、③実費の3分類に分けて請求する方法が採用されています。着手
金は依頼時に発生し、報酬金は業務終了時に発生します。いずれも、請求額
に応じて決定されるのが一般的です。

72　　　第4章　債権回収

【36】　訴えの提起

　3年前に友人に300万円を貸しましたが、返してもらえないので訴訟を提起しようと思います。注意すべき点を教えてください。

　また、友人はもう何年も自宅に帰っていないようで、どこに住んでいるのかも分かりませんが、登記を見ると自宅は友人の持ち物のようです。友人がどこにいるか分からなくても訴訟を提起できますか。

相談対応の ポイント	◇訴訟は原告が裁判所に訴状を提出することで開始する手続。 ◇訴状には誰の誰に対するどのような請求かを特定して記載する必要があり、請求を理由付ける事実、関連する事実及び証拠を記載して、管轄裁判所に提出。 ◇訴状は被告に送達される。所在不明の被告に対しても訴訟提起可能。

1　訴状の記載事項

　原告は、訴状と呼ばれる書面を作成し、裁判所に提出しますが（民訴133①）、この訴状には、請求を特定するのに必要な事実を記載するほか（民訴133）、請求を理由付ける事実を具体的に記載し、立証を要する事由ごとに、当該事実に関連する事実で重要なもの及び証拠を記載することが求められています（民訴規53①）。

　原告は、自身の請求について、法律上の要件を意識しながら、貸付けやその経緯等の前記各事実を記載することになります。

2　管轄裁判所

　訴状は管轄裁判所に提出しますが、管轄には事物管轄や土地管轄があり、管轄裁判所を把握する必要があります。

　本件相談のような当事者間に特別の合意がない場合の管轄裁判所は、被告

第4章　債権回収　　73

住所地（民訴3の2①）又は義務履行地（民訴3の3一）を管轄する地方裁判所（裁所24一・33①一）が考えられます。

3　送　達
（1）　交付送達（民訴101）

送達名宛人に対して送達書類を直接交付して行う方法であり、住所等においてすることが原則ですが（民訴103①）、一定の場合には就業場所を送達場所とすることができます（民訴103②）。その他、出会送達（民訴105前段）、補充送達（民訴106①②）、差置送達（民訴106③）があります。

（2）　付郵便送達（民訴107）

交付送達ができない場合に、裁判所書記官が送達書類を送達名宛人の就業場所以外の送達場所に宛てて、書留郵便等に付して発送することで行う方法です。

（3）　公示送達（民訴111）

一定の場合に、裁判所書記官が、出頭すれば送達すべき書類をいつでも交付する旨を裁判所の掲示場に掲示して行う方法です。

（4）　本件相談について

被告の住所を調査する必要があるので、契約書等の記載、電話番号から登録されている住所を確認し、住民登録を調査することになります。

住所等を送達場所とした交付送達ができない場合、被告の住所について現地調査（電気メーターの確認等）を実施し、調査結果（住所が判明しなかった場合は判明しなかったこと等）を書面で報告して、就業場所に対する送達、付郵便送達、公示送達などの方法により、送達を行うよう求めることになります。

【37】 債務名義の種類

債務名義の種類にはどのようなものがありますか。また、債務名義を得るためには、民事訴訟の提起以外に、支払督促や少額訴訟という手続があると聞きましたが、手続選択の方法を教えてください。

相談対応の ポイント	◇債務名義とは確定判決、仮執行宣言付判決、仮執行宣言付支払督促、執行証書等、確定判決と同一の効力を有するもの。 ◇支払督促や少額訴訟は通常訴訟と比較して簡易迅速。ただし相手方の対応によっては通常訴訟に移行。

1 債務名義の種類

債務名義とは、一定の給付請求権の存在と範囲を表示した文書で、法律により強制執行することができる執行力が認められたものです。

民事執行法22条各号は、債務名義として、確定判決、仮執行宣言付判決、仮執行宣言付支払督促、執行証書、和解調書や調停調書等の確定判決と同一の効力を有するものなどを規定しています。

2 手続の選択

(1) 支払督促の概要

支払督促は、実質的審理を経ないで簡易迅速かつ経済的に債権者に債務名義を取得させる手続です。金銭その他の代替物又は有価証券の一定数量の給付請求で、日本国内で公示送達によらずに送達できる場合に利用することができます。

債務者は、支払督促の送達から2週間以内に督促異議をすることができ（民訴391①）、これにより通常訴訟に移行します（民訴395）。督促異議がない場合、債権者の申立てにより、裁判所書記官は支払督促に仮執行の宣言をし、当事者に送達します（民訴391）。

第4章　債権回収　　75

　仮執行宣言付支払督促の送達後2週間以内に督促異議がされた場合も（民訴393）通常訴訟に移行しますが（民訴395）、仮執行宣言付支払督促の執行力は当然には失われません。

（2）　少額訴訟の概要

　少額訴訟は、簡易裁判所の訴訟手続の特則であり、60万円以下の金銭の支払の請求を目的とする手続です（民訴368）。その特徴として、1回の期日で判決に至ることを原則とすること（民訴370）、証拠が即時に取り調べることができる証拠に限定されること（民訴371）、判決において支払の猶予を定められること（民訴375）、不服申立方法について控訴を禁止し異議によること（民訴377・378）があります。

　被告には通常訴訟への移行申述権があり（民訴373①）、裁判所が職権で通常訴訟に移行させることもあります（民訴373③）。

（3）　本件相談の検討

　当事者間に争いがなく異議が出ない事件については、簡易迅速に債務名義を取得することができる支払督促が適しているといえます。少額訴訟は、60万円以下の金銭の支払を求める事件で、（争いがある場合でも）1期日の審理で裁判をすることができる比較的単純な事件に適しているといえます。その他、話合いによる譲歩が可能な場合には、民事調停を利用することも考えられます。

　金額が高く、紛争性も高い複雑な事件等は通常訴訟を選択することになるでしょう。

76 第4章 債権回収

第3 執行に関する法律相談

【38】 和解的な解決の合理性・留意点

友人に150万円を貸しましたが、返済がないので訴訟を提起しました。裁判所から「相手方は100万円程度しか準備できないようなので、その金額で和解をするのはどうか。」と提案がありました。裁判所は、なぜそのような話をするのですか。もし分割払を内容とする和解をする場合、注意点はありますか。

相談対応の ポ イ ン ト	◇勝訴可能性や執行可能性から和解に合理性がある場合もあり。 ◇分割払を内容とする和解では期限の利益喪失条項の記載に注意。

1 和解的な解決の合理性

一般に、通常訴訟においては、おおむね1か月に1回程度の頻度で期日が開催されるため、判決等の債務名義の取得までには相当の期間が必要となりますが、訴訟進行中に和解が成立すれば早期の紛争解決・債権回収が可能となります。また、勝訴判決を得ても任意の支払に応じない債務者の場合には、和解により裁判所の面前で支払わせることが確実な債権回収方法となることもあります。

そこで、債権者は、訴訟の各段階において、和解に応じるか否か、応じるとしていくらで応じるかといった点の判断が求められます。

その際には、以下の要素を考慮する必要があります。

① 勝訴可能性

裁判所から開示される心証を踏まえた判決となった場合に請求認容となる可能性

② 執行可能性

判決取得の場合には強制執行手続の完遂まで見込まなければならず、それによる回収長期化や強制執行空振り等のリスクが生じる可能性

第4章　債権回収　　77

　特に、②執行可能性の観点を相談者（債権者）が意識していないということはままありますので、十分な説明が必要です。

　なお、裁判上の和解が成立した場合には、その内容が調書に記載されます（和解調書）が、和解調書も債務名義となります（民執22七）ので、債務者が和解内容に従った支払を行わない場合、債権者は当該和解調書をもって強制執行手続を行うことができます。

2　期限の利益喪失条項

　分割払による金銭給付を内容とする和解においては、期限の利益喪失条項（債務者が「分割支払を怠ったときは、当然に期限の利益を失う」旨の条項）を設ける場合がほとんどです。

　この場合、懈怠の程度に関する記載方法としては、実務上、①懈怠回数のみで表示する方法（例「2回以上怠ったとき」）、②懈怠金額のみで表示する方法（例「怠り、その額が○○円に達したとき」）、③懈怠回数及び懈怠金額の両方で表示する方法（例「2回以上怠り、かつ、その額が○○円に達したとき」）の3つが考えられますが、多義的な解釈の余地が少なく執行開始要件の認定に最も疑義が生じにくいのは、②の懈怠金額のみで表示する方法であり、これが最も望ましいと思われます。

　また、懈怠の効果に関する記載方法としては、債権者の意思表示を執行文付与の条件とせず当然に履行期が到来する趣旨を明確にするため、「当然に（直ちに）期限の利益を失う」、「何らの通知催告を要せず期限の利益を失う」などと記載しておくべきでしょう。

　なお、回収可能性を考えると、相手方に倒産する可能性がうかがえる場合、債権者には長期的なスパンでの回収を前提とする分割払の約定を設ける実益が乏しいことに注意が必要です。

78 第4章 債権回収

【39】 金銭執行手続の概要

　取得した金銭給付判決に基づき相手方の財産を差し押さえたいと思います。各種執行手続や注意事項について教えてください。

相談対応の ポイント	◇不動産執行、動産執行、債権執行といった各執行手続の長所・短所を考慮した上で、適切な手続を選択。 ◇回収見込みや申立ての時期にも注意。

1　金銭執行手続の概要

　金銭執行手続は、執行対象となる財産の種類によって、以下の3つに分類されます（準不動産執行は、不動産執行の説明に準じます。）。

　(1)　不動産に対する強制執行（民執43以下）

　一般的に不動産は価値が高く、所在が明確であることから、不動産執行は最初に検討すべき執行手続といえます。

　もっとも、他の債権者の担保権が既に設定されていて、被担保債権の額が不動産評価額を超える場合や、執行費用（予納金や登録免許税が高額になるケースがあります。）等のコストを上回る回収が見込めない場合には、不動産執行はできません（民執63）。

　(2)　動産に対する強制執行（民執122以下）

　動産執行は、他の執行手続と比較して、差押禁止動産（民執131）に該当したり、価格算定や高価換金が困難であること等を理由に執行不能となる場合が多く、実効性が劣ります。

　もっとも、債務者の自宅や店舗の金庫等に多額の現金が保管されていたり、債務者が換価可能性のある在庫商品等を保有しているといった場合には有用ですし、実際に執行官が臨場して執行が開始されることが債務者への心理的なプレッシャーになり、任意の支払を促せるという副次的効果もありますので、直ちに選択肢から排斥すべきではありません。

　なお、動産執行は、不動産執行や債権執行と異なり、二重差押えの禁止（民執125①）等の制限があるので注意が必要です。

(3) 債権及びその他の財産に対する強制執行（民執143以下）

金銭執行の対象となる債権としては、例えば、預金債権、給与債権、売買代金債権、賃料債権、敷金債権等が挙げられます。ただし、差押禁止債権（民執152等）は金銭執行の対象から除外されます。代表的なものとして、給与債権はその4分の3（月額44万円以上の場合は33万円までの部分）が差押禁止債権です（民執152①二、民執令2②）。

債権執行は、取立権の行使や転付命令の申立てにより（予納金の納付や競売の手続を経ずして）金銭の回収ができるという点で、簡便な債権回収の部類に入ります。しかし、執行の対象となる債権を特定すること（民執規133②）に困難が伴うことが多く、また、第三債務者が反対債権を有している場合は相殺の主張がなされたり、差押えを理解しない第三債務者に対しては取立訴訟を提起する必要が生じたりするなどの短所もあります。

2 金銭執行申立ての際の注意点

金銭執行を申し立てる際には、①金銭執行という手段の適切性（債務名義の存在を背景に任意弁済を求める方が有効な場合もあります。）、②費用対効果（予納金や各種費用を試算し、当該支出に見合うだけの回収見込みがあるか否かを判断します。）、③執行対象の選別（債務者への影響が大きい対象を選択する方が債権回収の実現につながります。）、④申立ての時期（仮処分の有無や財産調査状況、財産隠匿の可能性等により左右されます。）等に注意しましょう。

【40】 執行前の情報収集

金銭給付判決を取得した後も、相手方は支払をしてくれません。相手方の預金債権を差し押さえることを検討していますが、どのような情報が分かれば、執行をすることができますか。

相談対応の ポイント	◇弁護士会照会制度の利用。 ◇預金債権の差押えは預金が所在する金融機関と支店名を特定することが必要。

1　はじめに

執行手続においてよく登場するものが預金債権の差押えですが、一般債権者が債務者の預金の所在を把握することは容易でないため、ある程度網羅的・探索的な差押えの申立てをせざるを得ません。

しかし、網羅的・探索的な差押えは、差押債権の特定性（民執規133②）の観点から問題があるとされています。現在の実務では、口座番号までの特定は不要であるものの、金融機関と取扱支店名の特定が必要です。そこで、債権の特定性をクリアするため、執行前の情報収集手段として、弁護士会照会制度（弁護士23の2）の活用が重要となります。

2　預貯金に対する弁護士会照会

現在まで、金融機関の多くは、顧客との守秘義務や過度な事務処理負担等を理由に、預貯金の所在に関する弁護士会照会に対して、取扱支店の特定がないもの（いわゆる全店照会）については消極的な対応をとっています。

したがって、債務者の預貯金の所在を確認するには、債務者の生活状況（生活費の引落し口座、給与等の振込口座、自宅や事業所の近くの支店）や債務者の税務申告書に添付されている預貯金等の内訳書の記載などから、債務者の預貯金が所在するであろう取扱支店を調査し特定した上で、弁護士会照会を行う必要があります。

しかし、近時、一部の金融機関が各地の弁護士会と協定を締結し、債務名

義（執行証書を除きます。）を取得している債権者代理人からの債権執行の準備としての口座特定のための全店照会に対しては対応するという動きがあり、今後、各金融機関での取扱いが変更されていく可能性があります。

　したがって、債務者の口座が存在する可能性のある金融機関に対しては、あらかじめ全店照会への対応方針や所定の書式の有無等の情報を問い合わせた上で、弁護士会照会を試みる必要があります。

3　生命保険に対する弁護士会照会

　金融機関に対する全店照会と関連して、近時、弁護士会照会制度実務に動きがあったものとして、一般社団法人生命保険協会（以下「生命保険協会」といいます。）への一括照会の終了があります。

　債務者が生命保険に加入している場合には、解約返戻金請求権や配当金請求権などに対する差押えが可能となります。これまでは、生命保険協会に対して弁護士会照会を行えば、同協会が加盟している各保険会社に取り次ぐ形で、各保険会社からの回答を一括して取得することが可能でした。しかし、生命保険協会は、平成29年5月以降、顧客との守秘義務や過度の業務量等を理由に、各保険会社への取次ぎサービスを終了しています。

　したがって、現在は、各生命保険会社を照会先として、個別に弁護士会照会を行う必要があります。個別照会は1件ごとに手数料がかかりますので、照会先の特定の際は、債務者の口座における保険料の入出金の有無・入出金先の確認等の事前調査を行いましょう。

第5章　労　働

第1　労働契約に関する法律相談

【41】　採用に関する問題

　労働者を採用する際に注意することはありますか。また、採用内定を取り消すことはできますか。

相談対応のポイント	◇労働者を採用する際は一定の事項を明示する必要あり。 ◇採用内定の取消しは客観的に合理的と認められる社会通念上相当の理由がない場合、権利の濫用に当たるおそれあり。

1　労働者の採用時の法的制約

　使用者は、労働契約の締結に際し、労働基準法施行規則5条1項に規定された以下の条件を明示しなければなりません。

① 労働契約の期間に関する事項（労基規5①一）

② 期間の定めのある労働契約を更新する場合の基準に関する事項（労基規5①一の二）

③ 就業の場所及び従事すべき業務に関する事項（労基規5①一の三）

④ 始業及び終業の時刻、所定労働時間を超える労働の有無、休憩時間、休日、休暇並びに労働者を二組以上に分けて就業させる場合における就業時転換に関する事項（労基規5①二）

⑤ 賃金（退職手当及び⑧に規定する賃金を除きます。以下⑤において同じ。）の決定、計算及び支払の方法、賃金の締切り及び支払の時期並びに昇給に関する事項（労基規5①三）

⑥ 退職に関する事項（解雇の事由を含みます。）（労基規5①四）

⑦ 退職手当の定めが適用される労働者の範囲、退職手当の決定、計算及び支払の方法並びに退職手当の支払の時期に関する事項（労基規5①四の二）

⑧ 臨時に支払われる賃金（退職手当を除きます。）、賞与及び労働基準法施行規則8条各号に掲げる賃金並びに最低賃金額に関する事項（労基規5①五）

第5章　労　働　　83

⑨　労働者に負担させるべき食費、作業用品その他に関する事項（労基規5①六）

⑩　安全及び衛生に関する事項（労基規5①七）

⑪　職業訓練に関する事項（労基規5①八）

⑫　災害補償及び業務外の傷病扶助に関する事項（労基規5①九）

⑬　表彰及び制裁に関する事項（労基規5①十）

⑭　休職に関する事項（労基規5①十一）

　前記のうち、①ないし⑥については、書面の交付により労働者に明示する必要があります（労基15①、労基規5②③）。もっとも、⑤、⑥及び④の所定労働時間を超える労働の有無を除いた部分については、就業規則の必要的記載事項（労基89）ですので、就業規則を交付した上、①ないし⑥及び所定労働時間を超える労働の有無を記載した書面を交付すれば足ります。

2　採用内定の取消し

　採用内定とは、始期付解約権留保付労働契約の成立と解されています。留保解約権の内容は、採用内定時に通知書等に定められる（内定取消事由）のが一般的です。採用内定の取消しは、この留保解約権の行使を意味しますが、取消事由に該当すれば必ず内定を取り消せるわけではありません。この解約権の行使は、解約権留保の趣旨、目的に照らして客観的に合理的と認められ、社会通念上相当として是認することができるものに限られると考えられています。

　まず、採用内定時に判明していた事情を理由とする内定取消しは、使用者にとって、その事情を織り込んだ上で採用内定を出しているといえるので、原則として取消しは認められません。

　次に、提出書類への虚偽記載があるようなケースでも、虚偽記載の内容や程度が重大なもので、労使関係に影響を与えるようなものでなければ合理性がないと考えられます。

　最後に、内定後の経営悪化を理由にする場合は、整理解雇に準じた検討をする必要がありますが、既に就業している従業員よりも、採用内定者を優先して内定取消しをすることについては、人選基準の合理性が認められると考えられます。

84　　第5章　労　働

第2　労働条件の変更に関する法律相談

【42】　労働条件変更の手段

労働条件の変更をする際の手続や注意点を教えてください。

相談対応の ポイント	◇労働条件の変更をするには、使用者と労働者との合意で個別労働条件を変更する他、就業規則による変更、労働協約による変更がある。

1　個別労働条件の変更

労働契約にも契約自由の原則の適用はありますので、労使間の個別合意により、労働条件を変更することは可能です（労契8）。労働条件を労働者に不利益に変更することも可能ですが、労働者の生活に重大な影響を及ぼすおそれがあることから、労働者が不利益な労働条件への変更について真に合意しているかは、慎重に確認する必要があります。また、仮に不利益変更について合意が得られたとしても、就業規則で定める基準を下回る労働条件を定めた場合、その部分は無効となり、無効となった部分は就業規則で定める基準になります（労契12）。

2　就業規則による変更

原則として、使用者は、労働者と合意することなく、就業規則を変更することにより、労働者の不利益に労働契約の内容である労働条件を変更することはできません（労契9本文）。しかし、変更後の就業規則を労働者に周知させ、かつ次に列挙する事情を考慮して合理的な内容といえれば、就業規則を変更することによって、労働条件を労働者にとって不利益に変更することができます（労契9ただし書・10）。

① 　労働者の受ける不利益の程度

② 　労働条件の変更の必要性

③ 　変更後の就業規則の内容の相当性

④　労働組合等との交渉の状況

⑤　その他の就業規則の変更に係る事情

3　労働協約による変更

　労働協約とは、労働組合と使用者又はその団体との間の労働条件その他に関する協約です（労組14）。労働協約の定めは、労働条件の最低基準としての効力を有し（労組16）、また労働協約の当事者となった労働組合の組合員以外の一定の労働者に対しても効力を及ぼします（労組17・18）。労働協約は、前述した就業規則の不利益変更のように使用者の一方的な行為により労働条件を変更するものとは異なり、使用者と組合による一種の取引により合意されるものであるため、合理的な内容であれば労働条件を不利益に変更する労働協約の効力も認められます。もっとも、合理的か否かの判断は、労働協約の内容について意見できる立場にあった当事者が組合員であるか非組合員であるかによって異なります。

　（1）　組合員

　協約締結の経緯、会社の経営状況、協約基準の全体の合理性に照らして判断されます。

　（2）　非組合員

　労働協約によって特定の未組織労働者にもたらされる不利益の程度・内容、労働協約が締結されるに至った経緯、当該労働者が労働組合の組合員資格を認められているか否か等に照らして判断されます。

第5章　労　働

第3　割増賃金の請求に関する法律相談

【43】　割増賃金の請求

割増賃金を請求するにはどのような資料が必要ですか。

従業員から残業代を請求することを理由にタイムカードの開示を求められたとき、使用者はどのように対応すればよいですか。

相談対応のポイント	◇割増賃金の請求はタイムカード、日報等により立証。 ◇労働者からのタイムカードの開示請求には任意開示に応じるべき。

1　労働時間に関する証拠

割増賃金を請求するには、労働者側において、時間外労働等の事実を主張立証する必要があります。実務上は、労働時間の始期と終期を主張立証することにより、その間の時間が労働時間と判断されます。そのため、労働時間の始期と終期を明らかにする資料を収集する必要があります。

労働時間の適正な把握のために使用者が講ずべき措置に関するガイドラインにより、使用者側には、勤務時間の管理、労働時間の記録に関する書類を、労働基準法109条に基づき3年間保存することが要請されています。

最も有力な資料はタイムカードですが、タイムカードがない場合には、職場の入っているビルの入館・退館時間に関する資料、パソコンのログイン・ログオフ時間、業務日誌、交通系ICカードの履歴（改札を通った時間の履歴）等も証拠となり得ます。何もなければ、自ら毎日の始業終業時間をメモしたものも証拠になり得ますが、前記に比べれば証拠の信用性は劣るといえるでしょう。

2　タイムカードの開示請求

タイムカードの打刻時間は、労働時間を主張立証する上で最も有力な証拠といえます。労働者側は、タイムカードにより勤務管理が行われている職場であれば、手元にタイムカード（又はその写し）がない場合、まずは使用者

第5章 労 働   87

側にタイムカードの開示を求めるべきです。実務上は、未払賃金請求権の時効の進行を止めるための請求をするとともに、タイムカードや就業規則等、労働時間に関する資料の開示を求めるのが一般的かと思われます。

　仮に、使用者がタイムカードの開示請求に応じなくとも、労働者は、訴え提起前の証拠収集処分等（民訴132の2〜132の9）、証拠保全（民訴234）、文書提出命令（民訴221以下）によってタイムカードの取得が可能です（もっとも、前二者については、これらに応じなくとも相手方は制裁を受けないことから、実務上はあまり利用されていないようです。）。特に、文書提出命令は、命令を拒否した場合、労働時間についての事実に関する主張が真実と認められてしまうおそれがあります（民訴224②）。

　また、立証責任の観点以外にも、使用者の開示義務を認め、タイムカードの開示請求に対する拒否が不法行為になると判断した裁判例（大阪地判平22・7・15労判1014・35）や、付加金を判断する上で不利益な事実として評価されるおそれもあります。

　前記の事情を考慮すると、労働者からのタイムカードの開示請求については、任意開示に応じるべきであると考えられます。

第5章 労 働

【44】 割増賃金に関する争点

割増賃金にはどのような種類がありますか。
「固定残業代」、「管理監督者」とは何ですか。

相談対応の ポイント	◇割増賃金には時間外労働、法定休日労働、深夜労働 がある。 ◇「固定残業代」、「管理監督者」は労働者の残業代請 求権に対する抗弁となる。

1 割増賃金の種類

割増賃金には以下の種類があります（労基37）。

種 類	割増率
時間外労働	25％（50％）以上
法定休日労働	35％以上
深夜労働	25％以上

(1) 時間外労働

1週間につき40時間（労働基準法別表1第8号・10号・13号・14号に掲げる事業のうち常時10人未満の労働者を使用するものについては44時間（労基規25の2①））以上、1日8時間以上の労働（労基32）について発生する割増賃金です。1か月の時間外労働の合計が60時間を超えた場合は、割増率が50％以上となりますが、中小事業主については適用が猶予されています（労基附則138）。

(2) 法定休日労働

週1日の法定休日（労基35①）における労働について発生する割増賃金です。

(3) 深夜労働

午後10時から午前5時までの労働について発生する割増賃金です（労基37④）。

第5章　労　働　　　89

(4)　重複の場合

　時間外労働と深夜労働が重複する場合、重複している時間の割増率は50％以上（25％＋25％）になります。また、法定休日労働と深夜労働が重複する場合、重複している時間の割増率は60％（35％＋25％）になります。

2　使用者側の抗弁

(1)　固定残業代

　毎月残業代として一定の額を支払済みであり、労働者からの残業代請求は認められない旨の主張です。この主張が認められるためには、基礎賃金部分と割増賃金部分が明確に区分されている必要があります。また、この主張が認められたとしても、割増賃金の額が固定分を上回っている場合は、使用者はその差額を支払う必要があります。

(2)　管理監督者

　労働者が「監督若しくは管理の地位にある者」（管理監督者）に該当する場合、割増賃金の請求はできません（労基41二）。管理監督者は、自らの労働時間をコントロールできること、その職責に応じた待遇を受けていることから、労働時間規制による保護を与える必要がないからです。

　管理監督者に該当するか否かは実質的に判断され、単に管理監督者に該当するような役職を与えられているだけのいわゆる「名ばかり管理職」は管理監督者に該当しません。①事業主の経営に関する決定に関与し、労務管理に関する権限が認められているか、②労働時間について裁量を有しているか、③地位と権限にふさわしい待遇を受けているか、といった観点から判断されます。

90 第5章 労 働

第4 人事権・セクハラ・パワハラに関する法律相談

【45】 業務命令・懲戒処分を行う際の注意点

上司の指示に従わない従業員に対しては、会社としてどのような対応をすべきでしょうか。また、注意点はありますか。

相談対応の ポイント	◇上司の指示が業務命令として行うことができる範囲内か確認。 ◇業務命令としての指示に従わない従業員には指導や注意を行う。 ◇指導・注意に従わない場合には懲戒処分を行うことも検討。

1 業務命令権とその限界

労働者と労働契約を締結した使用者は、業務の遂行全般について労働者に対して必要な指示・命令を発することができ、これを業務命令権といいます。

この業務命令が労働契約の合理的な規定に基づく相当な命令である限り、労働者は、その命令に従う義務があるとされています。

もっとも、仮に就業規則等に規定がある場合でも、労働者に対して著しい不利益を与えるような場合には、業務命令権の逸脱・濫用になる場合があります。

したがって、まず会社としては、上司の指示が労働契約の合理的な規定に基づく相当な命令であるといえるかを検討し、次に、具体的な上司の命令が業務命令権の逸脱・濫用に当たらないかを検討してください。

また、労働者が業務命令としての指示に従わない場合も直ちに懲戒処分を行うのではなく、まず指導や注意を行うという手順を踏むのが一般的です。

2 懲戒権の行使

(1) 懲戒処分の意義

労働者が適法な業務命令に従わない場合には、使用者は懲戒権を行使する

ことが考えられます。労働者は使用者と労働契約を締結したことにより企業秩序を遵守する義務を負うため、使用者は労働者の違反行為に対して制裁として懲戒処分を課すことができます。

(2) 就業規則の根拠と懲戒処分の種類

このように、懲戒処分は労働者に対する制裁の意味がありますので、懲戒処分はその種類及び程度に関する事項を就業規則に記載すべきとされています（労基89九）。

一般的に会社で規定されている懲戒処分の種類は、軽いものから、戒告、けん責、減給、出勤停止、降格、諭旨解雇、懲戒解雇などがあります。

(3) 懲戒処分を有効に行うには

懲戒処分は使用者による労働者への制裁の意義を有するという点で、刑事処分に類似しています。そのため、懲戒処分を有効に行うためには、以下の点に注意することが必要です。

① 根拠規定があること
② 具体的行為が懲戒事由に該当すること
③ 懲戒事由と懲戒処分の重さが均衡していること
④ 他の同一・同種事案における処分と均衡していること
⑤ 懲戒手続が適正に行われること（手続の適正）

(4) 具体的事例への対処

会社としては、まず当該行為が懲戒事由に該当するかを就業規則に照らして判断します。該当する場合、具体的事例に即して、過去の会社での処分内容などにも照らし、いかなる処分が妥当かを検討し、適当な処分を選択します。その上で、告知・聴聞の機会を付与するなど適正な手続を経て、最終的に処分をすることになります。

92　　　　　　　　　第5章　労　働

【46】　セクハラ・パワハラの法的責任と防止措置

　どのような行為がセクハラ・パワハラに当たりますか。これらを防止するため会社が実施すべき事項はどのようなものですか。

相談対応の ポイント	◇セクハラとは職場で行われる性的な言動。 ◇パワハラとは職場内の優勢を背景にした業務の適正範囲を超えた行為。 ◇会社は防止規定を策定して周知、相談窓口を設け、発生した行為に対しては事実調査を行い必要な処分を行う。

1　セクハラとは

　セクハラとは、職場で行われる性的な言動であり、「対価型セクハラ」と「環境型セクハラ」の2類型があります（雇均11①）。

　対価型セクハラとは、職場において労働者の意に反して行われた性的な言動に対する労働者の対応により、当該労働者が労働条件について不利益を受けるものです。

　環境型セクハラとは、労働者の意に反して行われた性的な言動により、労働者の就業環境が害されるものです。

2　パワハラとは

　パワハラとは、「同じ職場で働く者に対して、職務上の地位や人間関係などの職場内の優位性を背景に、業務の適正な範囲を超えて、精神的・身体的苦痛を与える又は職場環境を悪化させる行為」とされます。上司から部下に対するものが一般的ではありますが、先輩・後輩間、同僚間、部下から上司へのパワハラも含まれます。

3　セクハラ・パワハラの法的責任、会社のリスク

　セクハラ・パワハラが行われた場合、行為を行った当事者は不法行為責任

（民709）に問われます。また、会社も使用者責任（民715）あるいは債務不履行責任（民415）を問われることがあります。

また、セクハラ・パワハラにより労働者が心理的負荷による精神障害を発症するということも時折見られます。

このようにセクハラ・パワハラには、行為により被害にあった労働者が心身の健康を害したり、行為者や会社が法的責任を問われたりするというリスクがあります。

4　会社が取るべき防止措置

セクハラ・パワハラ防止に向けて会社が取るべき措置をまとめると、次のような措置が挙げられます。

①　事業主の方針の明確化及びその周知・啓発
②　相談（苦情）に応じ、適切に対応するために必要な体制の整備
③　職場におけるハラスメントに係る事後の迅速かつ適切な対応

会社は、「ハラスメント防止指針」のような内部規定を設けて、ハラスメントを許さない姿勢を示し、折々の従業員研修、管理職研修などにより、指針の内容等を周知する必要があります。

また、社内にハラスメント相談窓口を設けたり、従業員に対してハラスメントが発生した場合の相談ルートを周知するということも必要です。

さらに、実際にハラスメントが起こってしまった場合には、迅速かつ適切に事実の確認をし、必要であれば行為者や事案によっては行為者を監督する立場の者の処分などを行うことも必要になります。

第5章 労 働

第5 退職・解雇に関する法律相談

【47】 退職後の問題

従業員は、退職後も秘密保持義務を負いますか。また退職後の競業避止義務の定めが無効となるのはどのような場合ですか。

相談対応のポイント	◇従業員は、退職後も、不正競争防止法に基づき秘密保持義務を負う。誓約書等により退職後の秘密保持義務を定めることで、秘密保持義務を負う。 ◇就業規則及び誓約書等により退職後の競業避止義務を定めることで、競業避止義務を負う。ただし一定の場合、公序良俗に反し無効。

1 秘密保持義務

従業員は、退職後も、不正競争防止法に基づき秘密保持義務を負うほか、誓約書等により退職後の秘密保持義務を定めることにより、秘密保持義務を負います。

不正競争防止法では、「営業秘密」を保護する規定を定めており、退職者であっても、その営業秘密を侵害する行為は禁止されています。ここにいう「営業秘密」に該当するためには、①秘密として管理されていること（秘密管理性）、②有用な営業上又は技術上の情報であること（有用性）、③公然と知られていないこと（非公然性）の要件を満たすことが必要です（不正競争2①六）。

また、当該秘密が、不正競争防止法に定める「営業秘密」に該当しない場合であっても、就業規則や誓約書等によって、退職後の秘密保持義務を定めていれば、その定めが公序良俗に反するものでない限り、退職者は秘密保持義務を負うと解されています。

2 競業避止義務

退職後も、就業規則又は個別の誓約書等によって退職後の競業避止義務を定めていれば、従業員は競業避止義務を負います。

第5章　労　働

　しかし、競業の制限が、従業員の職業選択の自由（日本国憲法22①）を過度に侵害するような場合には、その制限は、公序良俗に反するものとして無効となる場合があります。競業避止義務契約の有効性は、主に次の要素を考慮して判断されます。

① 　成立の適法性　競業避止義務契約が労働契約として適法に成立しているか。

② 　守るべき企業の利益　企業側に保護すべき利益があるか、競業避止義務を課す目的は正当なものか等。

③ 　従業員の地位　当該従業員の業務内容の重要性、当該従業員が競業避止義務を課す必要のある立場の者か等。

④ 　地域的な限定の有無　企業の事業内容（事業展開地域等）、職業選択の自由に対する制約の程度等。

⑤ 　競業避止義務の内容　制限の期間、制限の対象となる行為の範囲の合理性等。

⑥ 　代償措置　競業避止義務を課すことに対する代償措置（退職金の上乗せ等）があるか否か等。

第5章　労　働

【48】　労働契約の終了に関する問題

　従業員を解雇する際に注意することはありますか。また、退職勧奨とは何ですか。

相談対応の ポ　イ　ン　ト	◇解雇する場合は①法律上の解雇禁止に当たらないこと、②解雇権濫用に当たらないこと、③解雇予告等を行うことが必要。 ◇退職勧奨とは、使用者が労働者に対する強制ではない退職の働きかけにより自主退職を促すこと。

　期間の定めのない雇用契約は、各当事者がいつでも解約を申し入れることができますが (民627①)、以下の制限があります。

1　解雇が制限される場合
(1)　法律上の解雇禁止
　解雇は、法律上解雇が禁止される場合に該当するときは無効となります(労基19等)。主な例としては、次のものがあります。
① 　業務上の負傷・疾病による休業期間及びその後の30日間、産前産後の休業期間及びその後の30日間 (労基19①)
② 　国籍、性別、信条、社会的身分を理由とする差別解雇 (労基3)
③ 　行政官庁等への申告等を理由とする解雇 (労基104②、労働安全衛生法97②、個別労働関係紛争の解決の促進に関する法律4③・5②)
④ 　労使協定の過半数代表者になり、またなろうとしたこと、過半数代表者として正当な活動をしたことを理由とする解雇 (労基規6の2③)
⑤ 　企画型裁量労働制の不同意を理由とする解雇、企画型裁量労働制の労使委員会の労働者委員になり、またなろうとしたこと、労働者委員として正当な活動をしたことを理由とする解雇 (労基38の4①六、労基規24の2の4⑥)
⑥ 　不当労働行為となる解雇 (労組7)
⑦ 　女性労働者の婚姻、妊娠、出産、産前産後休業等を理由とする解雇 (雇均

第5章　労　働　　97

9②③④本文）

⑧　育児・介護休業を理由とする解雇（育児休業、介護休業等育児又は家族介護を行う労働者の福祉に関する法律10・16等）

⑨　労働者派遣の一般派遣業務の派遣可能期間決定の際の意見聴取等の労働者の過半数代表となり、またなろうとしたこと、過半数代表として正当な活動をしたことを理由とする解雇（労働者派遣事業の適正な運営の確保及び派遣労働者の保護等に関する法律施行規則33の5）

⑩　公益通報をしたことを理由とする解雇（公益通報者保護法3）

⑪　裁判員の職務を行うために休暇を取得したこと等を理由とする解雇（裁判員100）

(2)　解雇権濫用

解雇は、客観的に合理的な理由を欠き、社会通念上相当であると認められないときは、権利の濫用として無効になります（労契16）。「客観的に合理的な理由」とは、解雇事由に該当するか否か判断するもの、「社会通念上相当」とは、当該事実関係の下で解雇という重い処分をすることが一般人から見てやむを得ないといえるか判断するものです。

2　解雇に必要な手続

解雇する場合には、原則として、少なくとも30日前に従業員に解雇を予告するか、又は予告手当（30日分の平均賃金）を支払うことが必要です（労基20①）。ただし、予告日数は、1日分の平均賃金を支払った日数だけ短縮することができます。

3　退職勧奨

退職勧奨とは、使用者が労働者に対し強制ではない退職の働きかけを行い、自主退職を促すことです。退職勧奨は、勧奨に留まる限り違法となりませんが、態様が半強制的又は執拗で社会的に相当な範囲を超える場合、従業員の人格的利益を侵害し違法となります。

また、虚偽の事実を告げて退職勧奨を行ったときは、労働者の承諾があったとしても錯誤により無効となる場合があります（民95）。

第5章　労　働

【49】　解雇された労働者の取り得る手段

　突然解雇され、収入がなくなり困っていますが、早期に金銭を得る手段はありませんか。また、解雇の効力を争い復帰できても、会社に居場所があるか不明です。使用者に対してどのような請求ができますか。

相談対応の ポイント	◇解雇され、早期に金銭を得たいときは、雇用保険の基本手当の給付、賃金仮払仮処分を行う。 ◇従業員が使用者に対し、解雇の効力を争う場合には、従業員であることの地位の確認請求と、無効な解雇がなければ、本来もらえるはずの給料の支払を請求する。

1　金銭を得る手段

　雇用保険の被保険者は、一定の要件を満たせば、雇用保険の一般被保険者に対する求職者給付の基本手当（以下「失業給付」といいます。）を受給することができます。失業給付の給付日数は、離職理由、年齢、被保険者であった期間及び就職困難者か否かによって決まります。

　倒産、解雇等による離職者（特定受給資格者）の失業給付の所定給付日数は、次の表のとおりです（平成29年4月1日以降）。なお、ここにいう解雇は、自己の責めに帰すべき重大な理由による解雇を除きます。

　さらに後記2の賃金仮払仮処分の申立てを行う方法もあります。

		被保険者であった期間				
		1年未満	1年以上 5年未満	5年以上 10年未満	10年以上 20年未満	20年以上
離 職 時	30歳未満	90日	90日	120日	180日	—
	30歳以上35歳未満		120日	180日	210日	240日
	35歳以上45歳未満		150日		240日	270日

年齢	45歳以上60歳未満	180日	240日	270日	330日
	60歳以上65歳未満	150日	180日	210日	240日

2 使用者に対する請求

　従業員が会社に対し、解雇の効力を争うときは、行政機関におけるあっせん等、並びに裁判所における民事調停、労働審判及び民事訴訟等の手続を利用します（詳細は【50】を参照。）。

　また、民事訴訟を提起したものの、その判決の確定を待っていられないほど緊迫した状況であるときは、民事保全法に基づいて、地位保全仮処分と賃金仮払仮処分を申し立てる方法もあります。

　地位保全の仮処分は、従業員たる地位を仮に定めるものであり、会社に対する賃金仮払仮処分は、一定程度の賃金の支払を仮に命ずるものです。裁判所は、被保全権利（本案訴訟で実現されるべき権利・法律関係）の存在と保全の必要性（「争いがある権利関係について債権者に生ずる著しい損害又は急迫の危険を避けるためこれを必要とするとき」（民保23②））が疎明されたと判断したときに申立てを認容します。

　なお、解雇が無効であったとしても、当事者が復職を望まないときは、一般的に会社が解決金を支払い、合意退職するという内容の和解をします。

第6　労働審判に関する法律相談

【50】　労働紛争の解決手段

労働紛争の解決手段としては、どのような手続がありますか。

相談対応の ポイント	◇労働紛争の解決機関には都道府県労働局、労働委員会、裁判所等がある。 ◇労働紛争の解決手段として、①都道府県労働局の行う助言・指導及びあっせん、②労働委員会の行う救済命令等、③裁判所の行う労働審判、仮処分、民事訴訟等がある。

　労働紛争を解決する機関としては、厚生労働省の地方出先機関である都道府県労働局、労働委員会、裁判所などがあり、それぞれにおいて紛争解決手続が実施されています。各手続の特色や違いを理解し、適切な手続を選択することが必要です。

1　都道府県労働局

　都道府県労働局には、①総合労働相談コーナーにおける情報提供・相談、②都道府県労働局長による助言・指導、③紛争調整委員会によるあっせん、の制度があります。

　使用者ないし労働者が助言・指導の申出をし、労働局長がそれを受けて助言・指導を実施します。それにより解決しない場合には紛争調整委員会による「あっせん」に移行することができます。対象となる紛争は、労働条件に関する紛争等、労働者と使用者との個別紛争を広く含みます。

2　労働委員会

　労働委員会は、労働組合の関わる集団的労働紛争を取り扱う行政機関です。各都道府県に設置された都道府県労働委員会と、国に設置された中央労働委員会とがあります。

第5章　労　　働　　　　101

　対象とする事件は、労働組合の関わる集団紛争のみであり、労働組合法の規定する不当労働行為の救済手続と、労働関係調整法の定める労働争議の調整手続（あっせん、調停及び仲裁）が中心です。

3　裁判所

(1)　労働審判

　労働審判は、裁判所が行う、企業と個々の労働者間の個別労働紛争の解決手続であり、裁判所と労使の審判員の専門的な知識経験を活かしつつ、紛争の迅速で集中的な解決を図る手続です。当事者の互譲により調停を成立させることを目指し、成立しない場合には審判が下されます。当事者は審判に不服があれば異議を申し立て、その場合には訴訟手続に自動的に移行します。

(2)　仮処分

　通常訴訟による権利実現を保全するために行われる暫定的・付随的な訴訟手続であり、労働事件の類型においては、解雇された労働者が従業員たる地位を仮に定める（地位保全仮処分）とともに、賃金の仮払いを命ずる仮処分（賃金仮払仮処分）を申し立てるのが典型例です。もっとも、近年では、労働審判が迅速な解決手段としてより広く利用されています。

(3)　民事訴訟

　裁判所に対して一般の民事訴訟の手続を利用することで権利実現を図る手段です。労働審判に対して当事者から異議があり、労働審判が失効して遡って訴えが提起されたとみなされ民事訴訟に移行する場合も含まれます。

　労働審判を選択するか、仮処分手続や民事訴訟を選択するかは当事者の自由です。

102　　　　　　　　第5章　労　働

【51】　労働審判

労働審判とはどのような手続か、実際の運用を教えてください。

相談対応の ポイント	◇労働審判は個別労働紛争につき、迅速かつ実効的解決を目指して行われる。 ◇労使関係紛争の話合いによる調整と事実認定を連携して行う手続。

1　労働審判手続の特色

労働審判は、個々の労働者と使用者との間の個別的な労働紛争について、紛争の実情に即した迅速かつ実効的解決を図る手続です。

2　労働審判委員会の構成

審判は、地方裁判所に置かれる労働審判委員会により行われます。労働審判委員会は、裁判官1名と労働審判員（労働者側1名と使用者側1名の合計2名）の3名で構成され、期日において当事者双方の意見を聞きつつ審理を行い、調停が試みられます。

3　労働審判手続申立てから期日まで

申立てが裁判所に対してなされると、第1回審判期日と答弁書提出期限が指定され、相手方に対して呼出状が送付されます。答弁書の提出期限は呼出状送付からおおよそ1か月後、第1回審判期日はその1週間後と指定されていることが多く、相手方としては迅速に準備に取り掛かる必要があります。また、第2回期日が指定される場合は、第1回期日の2週間ほど後の日が指定されます。

<スケジュールの例>

8月30日申立て→9月29日答弁書提出期限→10月6日第1回期日→10月20日第2回期日

第5章 労 働

4 書面及び証拠の提出

労働審判期日は、原則3回以内で決着することとされています。また、審判のために必要な基本的事実の確認は、第1回期日でほぼ終了します。したがって、申立書・答弁書において双方は、提出期限を遵守し、必要な事実主張を十分に尽くすことが必要です。

5 第1回期日

期日は、非公開の手続で行われます。出席者は原則として、労働審判委員会3名と、当事者双方及び代理人等です。期日では、審判官から提出した書面に即して口頭で事実確認のための質問がされます。当事者本人が出頭している場合には当事者本人が回答する場面も多くあります。書面の準備と同様に、口頭での説明の準備も期日前に十分にしておく必要があります。

6 第2回、第3回期日

これらの期日では、第1回期日で明らかになった争点についての補充的な事実確認がされることがあります。また、調停条件についての双方の意見を確認され、双方の条件のすり合わせが期日において行われることもあります。

7 調停、審判

期日において調停条件の合意ができた場合には、調停成立となります。調停調書は裁判上の和解と同一の効力を有し、万一履行がない場合にはこれにより執行することも可能です。調停が成立しない場合には、労働審判委員会は、必要な審判を行います。

当事者は、審判に異議があるときは裁判所に対して異議の申立てをすることができます。異議の申立てがあったときは、労働審判は効力を失い、労働審判申立てのときに地方裁判所に訴えの提起があったものとみなされ、通常訴訟に移行することになります。

104 第6章 不動産

第1 不動産の特定とその評価方法に関する法律相談

【52】 不動産の価値の調査

最近、父が自宅を残して死亡しました。父は持ち家に住んでいました。住所は分かります。父の相続人間で遺産分割をするに当たり、不動産の価値を調べたいのですが、どのように調べればよいですか。

相談対応の ポイント	◇国税庁の路線価図をインターネットで検索し、当該不動産の路線価格を調査するのが簡便。 ◇国土交通省の公示価格や都道府県の基準地価格も参考になる。 ◇不動産業者に依頼すれば無料で査定をしてもらえる。

1 不動産の特定（地番の把握、特にブルーマップの利用について）

被相続人の遺産に不動産が含まれている場合に、相続人間で遺産分割協議をする場合、遺産分割協議書には、不動産を地番で表示します。不動産登記は、物件を地番で特定しているため、協議成立後に、協議書に基づいて、相続登記を行ったり、第三者に対する移転登記を行うために不動産を地番で表示する必要があります。住居表示しか分からない場合には、「ブルーマップ」（住居表示地番対照住宅地図）を利用して、地番を確認します。ブルーマップとは、地図上に住居表示と地番表示の両方が記載された、株式会社ゼンリンが編集する住宅地図です。弁護士会の図書館や国立国会図書館などで見ることができます。

2 不動産の評価方法

主に後記の表のような評価方法があります。

土地の評価額を大まかに把握するには、インターネットで「路線価図」と入力して検索し、当該不動産近隣の地図を見つけ、「当該不動産に接する道路に記載された数字×1,000円×地積」の計算で得られた額が概ね当該土地の路線価格となります（例えば、「200D」と書かれた道路に沿う土地の場合、

1㎡当たり20万円です。）。当該土地の時価額（取引価格）は、路線価格を0.8で割った金額と捉えるとよいでしょう。建物については、固定資産評価額が一定の指標になります。

また、不動産業者に頼めば、無料で査定してもらえます。

評価方法	評価主体	特　徴
固定資産評価額	市区町村	主に固定資産税額算出のための評価額。土地については不動産鑑定士が評価した正常価格の7割程度の額。家屋は再建築価格から経過年数に応じた損耗状況を考慮して減価した価額。弁護士は、交付申請書（日弁連会員ページ参照）と手数料分の定額小為替と返信用封筒を不動産を管轄する市区町村に送付して評価証明書を取得できる(ただし、申立手数料が定額で訴額算定が不要な、破産申立て、家事調停・審判申立て、遺産分割協議書作成を目的とした交付申請は不可。)。
路線価格	国税局長	相続税評価の基準となる宅地の更地価格。不動産鑑定士が評価した正常価格の8割程度。インターネットですぐに確認可能。
公示価格／基準地価格	国土交通省土地鑑定委員会／都道府県	標準地／基準地として設定された地点の更地としての1月1日時点／7月1日時点の正常価格。国土交通省のウェブサイトで確認できる。対象物件の近隣に標準地／基準地があるときは対象物件の価格算定の参考になる。
査定額	不動産業者	不動産業者が取引事例などを考慮して概算した当該対象物件の評価額。無料で査定してくれる業者が多い。
鑑定評価額	不動産鑑定士	対象物件に関する不動産鑑定士による評価額。対象物件の評価としては最も信頼度が高いが、高額な費用を要する可能性があるため、裁判で徹底的に争う場合以外には利用しづらい。

106 第6章 不動産

第2 不動産売買に関する法律相談

【53】 不動産売買における留意点

　私は、今回、土地を購入しようと思っています。契約締結に当たって、特に気を付けるべき点はどのような点ですか。

相談対応の ポイント	◇売主に対して、対象物件の境界の明示を求める。 ◇売買代金の決め方を公簿売買とするか実測売買とするかも検討する。 ◇代金決済にローンを利用する場合、ローン特約条項も入れる。

1　境界の明示

　売主に境界の明示を求めずに土地を購入した後、隣地所有者と境界紛争が生じ、場合によっては、筆界特定制度の利用や境界確定訴訟の提起などを要する事態になることも考えられます。このような事態を防ぐため、売買契約書の内容として、売主には引渡時までに境界を明示する義務を負わせる内容にしましょう。

　ただし、境界には隣地が民有地の場合の「民民境界」と隣地が道路等の官有地の場合の「官民境界」があり、官民境界の確定には時間を要しますので、官民境界の明示まで求めるかどうかは場合によります。

2　公簿売買か実測売買か

　売買代金の決め方として、登記簿に記載される登記記録上の地積を基準として売買代金を決め、登記記録上の地積と実際の面積が異なる場合にも売買代金の調整をしない売買を「公簿売買」といいます。また、売主と買主が合意した対象物件の平米単価に対して対象物件の実測面積を乗じた金額を売買代金とする売買を「実測売買」といいます。実測売買として合意した場合、登記記録上の地積に基づき暫定的売買代金を合意した後、登記記録上の地積と実測面積に差異が生じた場合には、その異なる面積に平米単価を乗じた額

第6章　不動産　　107

を精算するような契約条項を入れることもできます。実測売買の場合、契約後に実測面積に誤りがあることが判明し、本来は契約代金がより安い金額で済んだというような場合には、代金減額請求ができます（民565・563①、改正民562・563）。

3　ローン特約条項

　不動産の買主の多くは、売買代金の一部について住宅ローンを利用しますが、買主が予定していた住宅ローンが利用できない場合、買主は残代金を支払うことができず、売主から契約違反として契約を解除されたり、違約金等を請求されたりしてしまう可能性があります。そこで、買主が融資を利用して売買代金を支払う場合に、融資承認予定日までに融資の承認が得られないときには買主が契約を解除できる旨の条項を入れる必要があります。また、買主が意中の金融機関から融資の承認を得られない場合には契約を白紙撤回したいと考える場合には、買主がどこの金融機関に融資を申し込むかについても契約書上明記しなければ、当該金融機関から融資の承認が得られなかった場合に買主が直ちに白紙撤回できることにはならないため、注意が必要です。

4　印紙代

　売買契約書に貼付する印紙代は売主と買主が折半するのが通常ですので、自分がすべて負担する内容になっていないか確認しましょう。

コラム

〇改正民法における「瑕疵担保責任」という用語の撤廃

　改正民法は、現行民法の「瑕疵」という用語に代えて、売主が「種類、品質又は数量に関して契約の内容に適合しないもの」を引き渡した場合に、買主に追完請求権、代金減額請求権、解除権、損害賠償請求権を認める旨規定しています（改正民562ないし564）。また、現行民法が知った時から1年以内の行使を要求しているのに対し、改正民法は、買主に、知った時から1年以内の通知義務を課しています（改正民566）。

第3　不動産賃貸借に関する法律相談

【54】　借地権譲渡に伴う名義書換料と条件変更承諾料

　私は、ある方に土地を貸しており、その方は私が貸している土地上に自己所有の建物を建てているのですが、今回、その方から、借地権付きで建物を売却したいと言われました。また、新しい賃借人は、建物が古いのでマンションに建て替えたいと言っているそうです。今の賃借人とどんな交渉ができますか。新しい賃借人とはどうですか。

相談対応の ポイント	◇旧賃借人に対して、借地権価格の1割程度の名義書換料、新賃借人に対して、更地価格の1割程度の条件変更承諾料が要求可能。

1　名義書換料（借地権譲渡承諾料）

　民法612条1項によれば、「賃借人は、賃貸人の承諾を得なければ、その賃借権を譲り渡し、又は賃借物を転貸することができない。」とされています。借地人は、借地上の建物を売却しようとする場合、通常、借地権付きで建物を売却しますので、借地権譲渡につき、地主の承諾を得なければなりません。地主は、借地人が借地権付きでの建物の売却を希望する場合、名義書換料を要求することが一般的です。

　借地人と地主との協議がまとまらない場合には、借地人が、裁判所に対して、賃借権譲渡の許可を求める借地非訟事件手続の申立てをすることができ、裁判所は、同申立てがあった場合、借地人に対して、相当額の名義書換料の給付を命じることができます（借地借家19①、ただし、当初の契約年月日によっては旧借地法9の2①）。

　名義書換料の相場については、概ね、「借地権価格」の1割程度と言われています。借地権価格は、更地価格に借地権割合を乗じた額をいいます。借地権割合は、路線価図上のアルファベットで分かります。名義書換料の算定時には、「賃借権の残存期間、借地に関する従前の経過、賃借権の譲渡又は転貸を必要とする事情その他一切の事情」を考慮しなければなりません（借地借家

第6章　不動産　　109

19②、契約によっては旧借地法9の2②）ので、事案によって相当な名義書換料の額は異なります。地主としては、借地非訟実務研究会編集『借地非訟事件便覧』（新日本法規出版）などに掲載された借地非訟事件における各決定事例から類似事案を探して、事案に適した金額の名義書換料を要求するようにしましょう。

2　条件変更承諾料（建替承諾料）

　地主が借地権者に対して非堅固建物使用目的で土地を賃貸していたのに、新しい借地権者が堅固建物使用目的で土地を賃借したいという場合、地主は新借地権者に対して条件変更承諾料を要求することが通常です。地主と新借地権者との間で協議がまとまらない場合には、新借地権者は、条件変更の許可を求める借地非訟事件の申立てができ（借地借家17①、旧借地法8の2①）、当事者間の利益の衡平を図るため必要があるときは、裁判所は条件変更承諾料の支払を命じることができます（借地借家17③、旧借地法8の2③）。

　非堅固建物から堅固建物への条件変更承諾料の相場は、更地価格の1割程度と言われていますが、こちらも前掲『借地非訟事件便覧』などを参照してください。なお、建替えに至らないものの、修繕にとどまらない増改築をする場合にも、地主は増改築承諾料を要求でき、その相場は更地価格の3〜5％程度と言われています。

3　その他注意点

　当該賃貸借契約に借地借家法が適用されるのか旧借地法が適用されるのかに注意しましょう。

　また、借地人の交替に当たり、残存期間で契約するのか新たに30年の契約とするのかを検討し、地代の改定や更新料の一部前払を要求するかどうかも検討しましょう。

【55】 賃料に関する諸問題

　私は、賃借物件に長年住んでいますが、近所の不動産屋さんから、私が払っている家賃は相場に比べて大分高いと聞きました。大家さんに家賃を減額してもらう方法はありますか。大家さんと折り合いがつかなかったら、どんな手続をとればいいですか。

相談対応のポイント	◇賃料の値下げは当事者間の話合いで決めるのが原則。 ◇話合いで決まらない場合には簡易裁判所に調停申立て。 ◇調停が不調のときは賃料減額請求訴訟を提起する。

1　賃料減額請求の要件

　借地借家法32条1項本文は、賃料が、①土地若しくは建物に対する租税その他の負担の増減、②土地若しくは建物の価格の上昇若しくは低下その他の経済事情の変動、又は③近傍同種の建物の賃料との比較により不相当となったときは、契約の条件にかかわらず、当事者は、将来に向かって賃料の額の増減を請求することができるとの趣旨を規定しています。

2　賃料減額請求の効果

　賃料の減額請求権は形成権であり、当該意思表示が相手方に到達したときに効果が生じます。そのため、相手方の承諾の有無にかかわらず、賃料が将来に向かって相当額に減額されることになります。

　もっとも、大家さんが賃料の減額に同意しない場合、大家さんは、減額を正当とする裁判が確定するまでは、自ら相当と考える賃料額（従前の賃料額を超過することはできません。）の支払を賃借人に請求することができます（借地借家32③本文）。

　なお、賃借人が、賃貸人が相当と考える請求賃料額の支払をしないときは、賃料不払となり、賃貸人からの賃貸借契約の解除が認められます（東京地判平6・10・20判時1559・61、東京地判平10・5・28判時1663・112）。

3 調停前置主義

当事者間で協議が調わないときは、賃料の減額を請求しようとする賃借人は、まず、簡易裁判所に民事調停の申立てをする必要があります（調停前置主義（民調24の2①））。

調停が不調に終わった場合には、賃料減額請求訴訟を提起することになります。この訴訟は確認の訴えと呼ばれる訴訟形式になります。

裁判により新賃料が確定した場合に、既に支払を受けた額が正当とされた賃料額を超えるときは、賃貸人はその超過額に年1割の割合による受領時からの利息を付して返還しなければなりません（借地借家32③ただし書）。

＜賃料減額請求手続の流れ＞

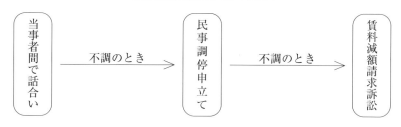

4 継続賃料評価の方法

賃貸借契約継続中の特定の当事者間における賃料（継続賃料）の算定は、不動産鑑定士に依頼することになるでしょう。算定においては、差額配分法、利回り法、スライド法、賃貸事例比較法という評価手法を組み合わせて行われるのが通常です。

【56】 建物明渡手続

　私は、所有する建物を賃貸していますが、賃借人が荷物を置いたま
までどこかへ行ってしまって、連絡が付きません。賃料を3か月滞納し
ていますし、なるべく早く退去してもらい新しい人を入れたいのです
が、どういう手順を踏めばよいですか。

相談対応の ポイント	◇自力救済は不可。 ◇賃料未払を理由に賃貸借契約の解除、明渡しを求める訴訟を提起し、請求認容判決を得て、建物明渡しの強制執行を実施。

1　自力救済の禁止

　賃貸借契約が継続している途中に賃借人と連絡が付かなくなった場合で
も、原則として、賃貸人が鍵を開けて室内に立ち入ったり、残置動産を撤去
したりすることはできません。

2　契約の解除と建物明渡訴訟

　賃借人に建物の明渡しを求めるためには、賃貸借契約を解除し、契約を終
了することが必要です。本件相談では、賃料を3か月間滞納しているという
ことですので、賃料不払を理由に賃貸借契約を解除することが考えられます。

　意思表示は相手方に到達して効力を生じますので（民97①）、賃貸借契約を
解除するためには、賃借人に解除通知を送る必要があります。ところが、賃
借人が行方不明の場合には、賃借人に対して通知を送ることができませんの
で、解除の効力を生じさせることができません。

　このような場合、明渡訴訟を提起して、訴状の中で、未払賃料の支払の催
告と催告後相当期間内に支払がないときの解除の意思表示を併せて行うこと
が合理的です。訴状は、賃借人に直接送達することができませんので、公示
送達により送達することになります（民訴138・110①一）。

第6章　不動産　　113

3　強制執行

建物明渡訴訟において、賃借人に明渡しを命じる判決が出され、この判決が確定すると、その判決の執行力に基づいて、明渡しの強制執行を申し立てることができます。

強制執行を行うためには、債務名義（民執22）が必要です。建物明渡訴訟後の強制執行は、主に確定判決による場合と仮執行の宣言を付した判決による場合が考えられます。強制執行は、執行文の付された債務名義の正本に基づいて実施されますので（民執25本文）、確定判決又は仮執行宣言付判決につき執行文付与の申立てを行い（前者の場合、確定証明書の取得、提出も必要です。）、執行文の付された債務名義の正本を取得します。また、債務名義は送達されていることが必要です（民執29前段）ので、送達証明書を取得し、これを添付して強制執行の申立てを行います。

明渡しの強制執行は、執行官が債務者の目的物に対する占有を解いて債権者にその占有を取得させる方法によって行われます（民執168①）。具体的には、強制執行を行う日（断行日といいます。）に、債権者の指定した執行補助業者に賃借人の荷物を運び出してもらい、鍵を交換して、明渡しが完了します。

コラム

○自力救済の禁止

権利者が司法手続によらずに自力で権利の内容を実現することを自力救済と言いますが、自力救済は原則として禁止されています。自力救済を認めると、権利者の暴力による権利の行使や、権利の行使に名を借りた無権利者の暴力行為などを誘発し、社会秩序が害されるおそれがあるからです。

このように自力救済は禁止されていますので、行方不明の賃借人に対しても、法的手続によって建物の明渡しを求める必要があります。

【57】 無断転貸

　私は、所有する建物を賃貸していますが、今月分の賃料が賃借人と異なる人の名前で振り込まれていました。賃借人が第三者に建物を転貸し、その人が賃料を払ってきたのだと思います。賃借人との賃貸借契約を解除したいと思いますが、気を付けるべき点はありますか。

相談対応の ポイント	◇賃借人が、賃貸人の承諾なく第三者に建物を使用収益させる行為は、無断転貸に該当。 ◇賃貸人と賃借人の信頼関係が破壊されているかどうかを検討する。 ◇転借人に対して建物明渡しを請求するとともに、賃借人に対して賃貸借契約解除、建物明渡請求。 ◇明渡しの実効性を担保するために、占有移転禁止仮処分を申し立てる。

1　無断転貸とは

　賃貸借契約は、人的な信頼関係を基礎とするため、賃借人は、賃貸人の承諾を得なければ、賃借物を転貸することはできません（民612①）。そして、賃借人が、賃貸人の承諾を得ないで、無断で第三者に賃借物を使用収益させたときは、賃貸人は賃貸借契約を解除することができます（民612②）。

　賃料が賃借人以外の第三者名義で振り込まれた場合、建物が無断転貸されている可能性があります。

2　信頼関係破壊の法理

　民法612条2項の「解除することができる」という文言からすると、無断転貸があればいつでも解除することができるようにも思われますが、判例上、「賃借人が賃貸人の承諾なく第三者をして賃借物の使用収益を為さしめた場合においても、賃借人の当該行為が賃貸人に対する背信的行為と認めるに足らない特段の事情がある場合においては、同条の解除権は発生しないものと

第6章　不動産　　115

解するを相当とする」と判断されており（最判昭28・9・25民集7・9・979）、信頼関係が破壊されていない場合には賃貸借契約は解除されないと解されています。

3　建物明渡請求

　無断転貸により、賃借人以外の第三者が賃借物を占有している場合、賃貸人は、誰に対してどのような請求をすればよいのでしょうか。

　賃貸人は、実際に建物を占有している転借人に対して、所有権に基づく明渡しを請求する方法が考えられます（最判昭26・5・31民集5・6・359）。

　また、無断転貸の場合でも、賃貸借契約は賃貸人と賃借人の間で継続しています。そこで、転借人に対する明渡しと同時に、賃借人に対し、賃貸借契約を解除して明渡しを求めることも必要でしょう。

4　占有移転禁止の仮処分

　賃貸人が明渡請求訴訟において勝訴判決を得ても、当該訴訟の被告が強制執行に先立って不動産の占有を第三者に移してしまうと、当該第三者に対して強制執行をすることができなくなってしまいます。このような場合に備えるため、占有移転禁止の仮処分命令を申し立て、仮処分命令を得て、執行しておくことが有効です。

　なお、占有移転禁止の仮処分手続の流れをまとめると次のようになります。
① 　占有移転禁止の仮処分命令の申立て
② 　占有移転禁止の仮処分の発令
③ 　保全執行の申立て
④ 　保全執行

【58】 正当事由及び立退料

築40年の建物を解体して新たな建物を建てたいのですが、賃借人が長年そこで店を営んでいて、簡単には移転に応じそうもありません。どうすれば退去してもらえますか。

相談対応の ポイント	◇更新拒絶通知又は解約申入れにより賃貸借契約終了。立退料必要。

1 正当事由の存否

賃貸人からの更新拒絶通知や解約申入れは、正当事由がなければできず、正当事由の存否は、後記2ないし5を考慮して判断されます（借地借家27・28）。各考慮要素のうち、2が主たる要素、3ないし5は従たる要素です。

2 建物の賃貸人及び賃借人が建物の使用を必要とする事情

建物を建て替えて有効活用する事例では、比較的高額な立退料を要する場合が多いです（東京地判平20・4・23判タ1284・229など）。建替計画の実現可能性を要しますから、資金計画や、他の賃借人の明渡状況などが重要です。

賃借人の業種や業態との関係で、移転先の有無、移転が営業にもたらす影響（近隣顧客を失う）などの検討が必要です。

3 建物の賃貸借に関する従前の経過

賃貸借の基礎事情（好意で貸した、親族、友人、雇用及び取引等の特別の関係があった）、これらの事情の変更、賃料額が相当か、当事者間の信頼関係（賃料不払や用法違反の有無）、適切な代替物件を紹介したか否かなどです。

4 建物の利用状況及び建物の現況

当該建物の利用の仕方がその建物の構造や規模などから見て非効率ないし低収益であるといった事情や、老朽化により建替えの必要性が生じていることなどをいいます。

第6章　不動産　　117

　本件相談は築40年なので、比較的老朽化しており、現在の耐震基準を満たしていないはずですが、証拠化には建築士の診断が有効です。耐震補強工事が物理的に可能でも、工事後の使用可能期間は短いので、解体新築する経済的合理性があります。

5　立退料の申出

　一般に、明渡しに先立ち又は同時に立退料を支払う申出をいいます。立退料を申し出るべき時期は、事実審の口頭弁論終結時までです（最判平6・10・25民集48・7・1303）。算定方法は一義的に定まっていませんが、①移転経費（引越費用等）、②借家権価格（賃借人の貢献による建物資産価値の増加分として、賃借人に配分されるべき額。複数の算定方法あり）、③営業停止による営業利益の補償等を考慮して算定されます。申出額の3倍程度まで増額した裁判例もあります（東京地判平24・3・29（平22（ワ）43810））。

6　その他

　期間の定めがある建物賃貸借は、法定更新されると期間の定めがない賃貸借になるので（借地借家26①ただし書）、解約申入れをします。引換給付判決による明渡強制執行に必要なのは、条件成就執行文ではなく単純執行文です。

118　　　第6章　不動産

【59】　騒音トラブル

　301号室のアパートを賃借して居住しているのですが、真上の401号室から、夜中に走り回る音が聞こえます。止めてほしいと何度か申し入れましたが一向に止みません。止めさせることはできないでしょうか。寝不足が続いて体調不良になり病院に通い始めました。慰謝料や通院費用を請求できますか。

相談対応の ポ イ ン ト	◇騒音が受忍限度を超える場合は損害賠償請求（慰謝料等の請求）が可能。騒音との相当因果関係が証明できない損害は認められない。 ◇騒音が特に著しい場合は騒音発生行為の差止請求も可能。

1　受忍限度論

　生活音の発生は、単にうるさくて不快に感じる程度では違法ではなく、後掲の判断要素を考慮して、社会生活上受忍すべき程度（受忍限度）を超える場合に違法になると解されています。

　騒音については、環境基本法や騒音規制法等の法律や、東京都では、「都民の健康と安全を確保する環境に関する条例」による規制があり、これらの法律等で定める基準は、本件相談で直接適用されないとしても、受忍限度を判断する上で参考値になると考えられます（東京地判平21・10・29判時2057・114）。

　また、受忍限度を超えることの証明のため、専門業者や騒音計を借りる等して騒音測定を行い、発生する音の大きさ・時間帯・頻度を証拠化する工夫も必要と考えられます。

　なお、受忍限度を超えるか否かの判断要素は次のとおりです。

① 　侵害行為の態様・侵害の程度（騒音の大きさ・原因・性質、騒音が発生する時間帯・頻度等）

② 　被侵害利益の性質・内容

③ 　地域環境（騒音の多い地域か、静かな地域か等）

第6章　不動産　　119

④　侵害行為の開始とその後の継続の経過及び状況
⑤　被害の防止に関する措置の有無・内容・効果等

2　生活音に対する損害賠償請求及び差止請求

　生活音が受忍限度を超える場合、被害者は、加害者に対して、不法行為に基づく損害賠償請求をすることができると考えられます（民709）。損害としては、慰謝料、睡眠障害等の治療のための通院費用、騒音測定のための費用などが考えられますが、騒音と相当因果関係があることの証明が必要となります。

　また、人格権に基づき、受忍限度を超える騒音を発生させる行為の差止めを請求することも考えられます。差止請求が認められるのは、損害賠償請求よりも違法性について厳格な要件が必要と一般的に解されていますので、より限定的な場合に限られると言えます（東京地八王子支判平8・7・30判時1600・118）。

　なお、被害者は301号室を賃借しており、アパートの賃貸人は目的物を使用収益させる義務（民601）として、目的物を使用収益するのに支障がない状態を維持する義務を負っています。そのため、被害者は、賃貸人に対して、加害者の生活騒音を止めさせて、301号室を住居として使用できる状態に回復するように求めることも考えられます（東京地判平24・3・26（平22（ワ）22549））。

120 第6章 不動産

【60】 賃貸借契約締結上の説明義務

当社が管理する物件の1室で、先日、賃借人が自殺してしまい、契約は相続人との間で解除して、今は貸せないでいるのですが、隣の貸室の賃借人も出ていき、その貸室について新しく募集をかけたいと思います。隣の部屋で自殺があったことを説明する必要はありますか。また、自殺した賃借人の相続人に損害賠償請求をすることはできますか。

相談対応の ポイント	◇貸室募集の際、隣の貸室の自殺事故を説明する義務は原則ない（ただし、個別事情の検討が必要）。 ◇自殺に伴う賃料の逸失利益と原状回復費用を請求可能。

1 自殺等の事故に関する賃貸人の説明義務

賃貸人は、賃貸借契約の締結に際して、賃借人に対し、契約を締結するか否かを判断する上で重要な考慮要素となる事項について説明・告知する信義則上の義務を負っています。

そして、説明するべき重要な事項には、貸室にまつわる嫌悪すべき歴史的背景等に起因する心理的欠陥も含まれると解されており、自殺等の事故が心理的欠陥に該当するか否かは、後述の考慮要素等から総合判断することになります。

貸室で自殺があった事実は、通常人であれば、当該貸室の利用に心理的な嫌悪感を生じ、賃借するか否かの意思決定に大きな影響を与えます。そのため、貸室の募集に際して、賃貸人は当該貸室で自殺があった事実を説明する義務があると考えられます。なお、自殺以外でも、殺人事件や遺体が腐乱死体となって発見された事実も説明義務の対象になると考えられます。

しかしながら、自殺があった貸室に居住することと、その隣の貸室に居住することとは、嫌悪感の程度にかなりの相違があることから、その他の個別事情も検討して特別の事情がなければ、貸室の募集に際して、隣の貸室で自殺があった事実は説明義務の対象にならない可能性が高いと考えられます

（東京地判平19・8・10（平19（ワ）4855））。

　自殺等の事故が心理的欠陥に該当するかの考慮要素は次のとおりです。

① 　事故の場所（貸室内、他の貸室内、共用部分、敷地）

② 　事故の態様（自殺、殺人、自然死、病死、腐敗死）

③ 　時間の経過、入居者の入れ替わりの有無

④ 　立地条件（都市部、流動性の程度）

⑤ 　契約目的（単身用、家族居住目的）

⑥ 　周辺住民の認知の程度、世間の耳目を集めたものか否か

2　自殺した賃借人の相続人に対する損害賠償請求

　賃借人は、賃貸人に対して、善管注意義務をもって貸室を保管する義務を負っています（民400）。賃借人が貸室内で自殺したことにより貸室に心理的に嫌悪すべき事由を発生させたことは、賃借人の善管注意義務に違反しますので、賃貸人は賃借人の相続人に対して損害賠償請求をすることができます。賃貸人が被った損害としては、逸失利益（一定期間貸室を賃貸できない又は低額の賃料でしか賃貸できないことによる逸失賃料）と原状回復費用（浴室で自殺した場合であれば浴室の交換費用、自殺に伴い悪臭が発生した場合には悪臭の除去費用）などが考えられます。

122　　第6章　不動産

第4　区分所有法に関する法律相談

【61】　管理費の滞納

　私はマンションの管理組合の理事長をしているのですが、マンションの1室を所有している方が、管理費を支払わなくても住んでいられると言って、管理費の滞納を続けています。管理費の滞納を解消する良い方法はないでしょうか。

相談対応の ポイント	◇区分所有者の財産に対する強制執行（債務名義）の検討。 ◇区分所有建物の担保不動産競売（先取特権）の検討。 ◇区分所有建物の競売請求の検討。

　一般に、マンションの日常的な管理のために徴収する費用を管理費、大規模修繕などの特別な管理に備えて徴収する費用を修繕積立金と呼びます（以下、まとめて「管理費」といいます。）。区分所有者は、管理費の支払義務を負いますので（区分所有19）、管理費を滞納している区分所有者（以下、「滞納者」といいます。）に対しては、まず内容証明郵便等で督促するのが一般的です。任意の弁済がない場合、次の法的手続が考えられます。

1　区分所有者の財産に対する強制執行

　1つ目は、訴訟等により債務名義を取得し、滞納者の財産を強制執行で差し押さえる方法です。滞納者の預貯金、給与、所有不動産などの差押えが考えられます。この場合、差押え可能な財産を管理組合において調査する必要があります。

2　区分所有建物の担保不動産競売

　2つ目は、先取特権を実行して、滞納者の区分所有建物の担保不動産競売を行う方法です。管理費の支払請求権は、先取特権により保護されており（区分所有7①）、この場合、判決等の債務名義は不要で、先取特権の存在を証する

文書を提出することで競売の実施が可能になります（民執181①四）。

　ただし、当該先取特権は、登記を備えた抵当権に劣後しますので、区分所有建物に抵当権が設定されている場合、抵当権の被担保債権を考慮しても区分所有権の競売により管理費を回収できる見込みがあることを確認する必要があります。

　また、滞納者が専有部分を第三者に賃貸して賃料を取得している場合、物上代位によって、賃料債権を差し押さえることで、管理費を回収する方法も考えられます（民304①）。

3　区分所有法59条に基づく競売請求

　3つ目は、管理費の滞納を理由として、区分所有法59条の競売請求をして、滞納者の区分所有建物を競売する方法です。管理費の滞納が長期化し多額となり、強制執行や先取特権の実行によっても滞納を解消できない場合、競売請求が認められるものと考えられます（東京地判平22・1・26（平21（ワ）27466）、東京地判平22・11・17判時2107・127）。

　また、管理費の支払義務は、区分所有建物の特定承継人も引き継ぎますので（区分所有8）、競売請求の認容後に競売が実施され、滞納者の区分所有建物が売却された場合、その買受人に対して滞納管理費の支払を請求することができます。

124 第7章 知的財産

第1 知的財産権に関する法律相談

【62】 知的財産全般に関わる相談

当社は工具メーカーです。先日、当社の技術者が、新製品に関する新しいアイデアを生み出しました。このアイデアを、他社に勝手に使われないようにしたいと思います。どうしたらよいでしょうか。

相談対応の ポイント	◇公開されてよければ特許等出願。 ◇公開されてはならないのであれば営業秘密として管理。

1 知的財産権の制度

私たちの身の回りには、数々の製品があり、そこには様々な技術のアイデアやデザイン（以下、「アイデア等」といいます。）が使われています。こうしたアイデア等は、先行して世の中に出たアイデア等を基に、いわば累積的に開発されます。したがって、新しいアイデア等が次々と生み出されるためには、世の中に公開されたアイデア等の情報は、誰もが自由に使ってよいものとすべきです。

他方、新しいアイデア等を開発するには、相応の投資を必要とするため、誰かが開発した新しいアイデア等が、公開された途端に誰もが自由に使ってよいということになると、自ら新しいアイデア等を開発せずに他人の開発したアイデア等を模倣した方が、多くの投資を必要としないので得であるということになります。その結果、世の中全体では、アイデア等を開発する意欲が減退するおそれがあります。また、開発を行う者も、他人が自らのアイデア等に「ただ乗り（フリーライド）」することをおそれるため、アイデア等を秘匿しがちになります。そのため、せっかく開発された新しいアイデア等が参照されず、異なる開発者が各々コストをかけて、同じアイデア等を開発してしまう（世の中全体でみると、同じアイデア等の開発に無駄な投資がされてしまう）おそれが生じます。

そこで法は、新しいアイデア等を世の中に公開した者に、一定期間に限り、

第 7 章　知的財産　　125

独占排他的な（他者の実施行為を差し止めることが可能な）財産権である知的財産権を与える制度を設けています。

2　知的財産権を取得する代わりに、新しいアイデア等を公開するか

　とはいえ、新しいアイデア等を公開するか否かは、開発者の自由です。例えば、そのアイデア等を使った製品を販売する場合に、他人が製品を入手し分解等してアイデア等を把握できる可能性が高いときは、アイデア等の公開を前提として、知的財産権を取得すべく、特許等出願を考えた方がよいでしょう。他方、仮に他人が製品を入手しても、直ちにアイデア等を把握できないようであれば、あえて特許等出願を行ってアイデア等を公開するよりも、自社内で秘匿する方がよいかも知れません（出願にも費用がかかります。）。また、特許権や実用新案権は、抽象的に文章で表現された技術のアイデア等を保護します。このため、文章化して伝達しづらい技術（例えば、「匠の技」）は、特許権や実用新案権による保護には不向きですし、あえてそうして保護を図る必要性も低いのではないかと思われます。

　なお、アイデア等を公開しない場合には、営業秘密として保護を受けられるように管理することが推奨されます（【70】）。

コラム

○オープン＆クローズ戦略

　近年、自社の技術のアイデアを他社に積極的に使わせる「オープン戦略」と、自社のコア技術として守る「クローズ戦略」とを使い分ける経営戦略が唱えられています（詳細は、小川紘一『オープン＆クローズ戦略　日本企業再興の条件』（翔泳社、増補改訂版、2015）を参照してください。）。

第7章

【63】 特許権

　当社は工具メーカーです。先日、他社（相手方）から訴えられました。相手方は、当社の製品が相手方の特許権Ｐを侵害しているなどと言ってきています。どうしたらよいでしょうか。

相談対応の ポ イ ン ト	◇特許権又はその専用実施権の有無の確認。 ◇相談者の製品が特許権の技術的範囲に属するか否かの確認。 ◇特許権における無効事由の有無の確認。 ◇特許権の実施権限又は正当な理由の有無の確認。

1　特許権侵害訴訟

　特許権者（特許68）（又は専用実施権者（特許77②））が、他者の実施（製造販売等（特許2③））に係る製品が自らの特許権の技術的範囲に属するとして、当該他者に対し当該実施の差止め（特許100①）や、当該実施によって生じた損害の賠償（民709）を請求する訴訟です。

2　知的財産権の侵害

　知的財産権の「侵害」とは、侵害が疑われる他者（「被疑侵害者」）の行為が問題となる知的財産権の権利範囲内にあり、かつ、被疑侵害者が抗弁事由を有していないことを指します（「侵害」は、前者の意味で用いられることも多いのですが、前者は「抵触」と呼び分ける方が便利です。）。後者の抗弁事由の中では、特に「無効の抗弁」（特許104の3①等）の成否（その知的財産権が無効事由を有しているか）が重要です。

　なお、損害賠償請求訴訟では、侵害が認められた上で、これによる損害がいくらになるか（「損害論」）が審理されます。

＜侵害論＞

①　他者の行為が知的財産権の権利範囲内にあるか［抵触論］ ②　知的財産権が無効ではないか［無効論］ ③　その他の抗弁事由はないか（先使用権等）

第7章　知的財産　　127

3　特許権侵害訴訟の被告の留意点

(1)　特許権Pを相手方が有しているか（又はその専用実施権者か）

訴状では、特許権Pの権利者が、特許原簿等と共に明らかとされているで
しょうから、問題にはならないでしょう（なお、専用実施権設定登録がされ
ていた場合は（特許27①二・98①二）、権利者は特許権者ではなく専用実施権者
となります（特許68・77②）。）。また、存続期間（特許67）にも要注意です。権利
満了後は、差止めは行えなくなるからです（存続期間中の損害の賠償請求は
別論です。）。

(2)　相談者の製品が、特許権Pの技術的範囲に属するか

技術的範囲（特許公報の【特許請求の範囲】（特許権Pの特許公報を入手し
て確認しましょう。【64】 コラム 参照。）に、抽象的に表現されたアイデア）
の解釈が問題になります（特許70）。相談者製品の技術と併せ、相談者の技術
者等から詳細を聴き取りましょう。

(3)　特許権Pは無効事由を有しないか（特許104の3①・123①）

特に、新規性や進歩性が問題となります（特許123①二・29①②）。出願時に既
に公開されていたアイデアや、これに基づき容易に思いつくアイデアには、
独占排他権を与える価値がないため、特許は無効とされます。相談者の技術
者等に、特許権Pを無効にできるような公知の資料が用意できないか、尋ね
てみましょう。

(4)　相談者が特許権Pを実施する権限又は正当な理由はあるか

法は様々な実施権や適用除外を定めています（特許79～82・69①等）。例えば
先使用権（特許79）が成立しないか（これを立証できる証拠はないか）、相談者
の技術者等に問い合わせましょう。

【64】 実用新案権

　当社は工具の実用新案権を持っています。他社（相手方）の製品が、当社の実用新案権Uを侵害しているので、製造をやめさせたいと思います。どうしたらよいでしょうか。

相談対応のポイント	◇実用新案権又はその専用実施権の有無の確認。 ◇相手方製品が実用新案権の技術的範囲に属するか否かの確認。 ◇実用新案権の無効事由の有無の確認。 ◇実用新案権の実施権限又は正当な理由の有無の確認。 ◇「実用新案技術評価書」の作成の有無の確認。

1　実用新案権

　実用新案法は、特許法と同じく、技術のアイデアを保護するものです。具体的には、実用新案法は「物品の形状、構造又は組合せに係る考案の保護及び利用を図ることにより、その考案を奨励し、もつて産業の発達に寄与することを目的とする」とされ（新案1）、ここでいう「考案」とは、「自然法則を利用した技術的思想の創作」をいうとされています（新案2①）。

　「考案」と「発明」（特許1・2①）の違いからも明らかなように、実用新案権は、特許権よりも簡単なアイデアを保護することが分かります。実用新案法は、「発明」よりも簡単なアイデアである「考案」が、簡便に権利化されるよう、特許法と異なり、「無審査主義」を採用しています（新案14②）。その代わり、登録された実用新案権に基づいて権利行使するためには、「実用新案技術評価書」（新案12・13）を提示して被疑侵害者に警告をしたことが必要とされています（新案29の2）。さもないと、当該実用新案権が新規性・進歩性を有しているか（新案3①②）等、実質的な審査を経ないまま、権利行使がなされることとなるからです。

第7章　知的財産　　129

2　実用新案権の権利者の留意点

(1)　実用新案権Uを相談者が有しているか（又はその専用実施権者か）

念のため、現在の権利者、存続期間を確認してください。

(2)　相手方の製品が、実用新案権Uの技術的範囲に属するか

(3)　実用新案権Uは、無効とされるべき事由を有していないか

【63】と同様、相談者の技術者等から聴き取りましょう。もっとも、「考案」が比較的簡単なアイデアであることに照らせば、特許ほど高度な知識は必要とならないことが多いと思われます。

(4)　相手方が実用新案権を実施する権限又は正当な理由はあるか

相手方の事情ですが、相談者に極力事情を聴き取りましょう。

(5)　「実用新案技術評価書」を作成しているか

後の権利行使を考えると、作成していない場合は、特許庁に対し作成を請求する手続をとることが、望ましいといえます。

なお、警告の一般的な留意点につき、【65】を参照してください。

コラム

○特許法の文献

　まずは中山信弘『特許法』（弘文堂、第3版、2016）を薦めます。逐条解説には、中山信弘＝小泉直樹編『新・注解　特許法［上中下］』（青林書院、第2版、2017）、特許庁編『工業所有権法（産業財産権法）逐条解説』（発明推進協会、第20版、2017）があります。

○特許庁ウェブサイト

　特許等の公報を検索・閲覧できます（J-PlatPat）。公報に何が書かれているか、見てみましょう。

130 第7章 知的財産

【65】 意匠権

　当社は鞄の製造販売をしています。他社（相手方）が当社製品とそっくりな鞄を売っていました。やめさせることはできませんか。

相談対応の ポイント	◇意匠権又はその専用実施権の有無の確認。 ◇相手方製品が、意匠権に係る意匠と同一又は類似か否かの確認。 ◇意匠権の実施権限又は正当な理由の有無の確認。

1　意匠権侵害訴訟

　意匠権者（意匠23）（又は専用実施権者（意匠27②））が、他者の実施（意匠2③）に係る意匠が自らの登録意匠に同一又は類似であるとして、当該他者に対し当該実施の差止め（意匠37①）や、当該実施によって生じた損害の賠償（民709）を請求する訴訟です。

2　意匠権で保護される権利範囲

　意匠法は、特許法や実用新案法と異なり、「意匠」を保護し（意匠1）、ここにいう「意匠」とは、「物品」の「形状、模様若しくは色彩又はこれらの結合」（以下、「形状等」といいます。）であって、「視覚を通じて美感を起こさせるもの」とされます（意匠2①）。そして意匠権者は、「業として登録意匠及びこれに類似する意匠の実施をする権利を専有する」とされています（意匠23・27②）。

　他者が実施する意匠が、登録意匠と同一であれば問題ないのですが、これと異なる意匠の場合は、登録意匠と「類似」しているか否かの判断（類否判断）が問題となります。意匠の類否判断は、「需要者の視覚を通じて起こさせる美感に基づいて行う」ものとされています（意匠24②）。意匠の（形状等の）類否判断をする際は、意匠を全体として観察して意匠を見る者が最も注意を惹かれる部分（「要部」）を認定し、登録意匠及び他者の意匠の要部を比較します。

第 7 章　知的財産　　131

・特許権・実用新案権の権利範囲：抽象的に文章で表現された技術のアイデア
　（→技術的範囲の解釈が問題となり得る）
・意匠権・商標権の権利範囲：図等によって示された意匠や商標と同一又は類
　似する範囲（→類否判断が問題となり得る）

3　意匠権の権利者の留意点

（1）　意匠権を相談者が有しているか（又はその専用実施権者か）

なお、仮に意匠権を有していなくとも、不正競争防止法により救済を受けられる場合があります（【68】【69】参照）。

（2）　相手方の製品が、意匠権に係る意匠と同一又は類似であるか

意匠の類否判断は、前述のとおりです。なお、本件相談ではいずれも鞄であるため問題になりませんが、「形状等」ではなく「物品」の同一又は類似が問題となる場合もあり得ます。

（3）　相手方が意匠権を実施する権限又は正当な理由はあるか

先使用権の抗弁（意匠29）等は特許法と同様ですが、意匠法特有の抗弁事由があることに注意しましょう（意匠29の2）。

4　警告の一般的な留意点について

権利者Xが、被疑侵害者Yに警告を行った場合、YがXの権利を侵害していなかった（と後で判明した）とき、XはYに対し損害賠償責任を負うことがあります。裁判例の傾向については、例えば、牧野利秋ほか編『知的財産訴訟実務大系Ⅱ－特許法・実用新案法(2)意匠法、商標法、不正競争防止法』（青林書院、2014）の「信用毀損行為」の節〔菊地浩明執筆〕をご参照ください。

権利侵害を立証できない段階で、軽々に警告を行うのは危険です。

132　　第 7 章　知的財産

【66】　商標権

　当社は和菓子屋です。ウェブ上のショッピングモールで、他社（相手方）が当社の商標にそっくりな商標を付けてお菓子を売っていました。やめさせることはできませんか。

相談対応のポイント	◇商標権又はその専用使用権の有無の確認。 ◇相手方の商標が、相談者の登録商標と同一又は類似か否かの確認。 ◇商標の使用権限又は正当な理由の有無の確認。

1　商標権侵害訴訟

　商標権者（商標25）（又は専用使用権者（商標30②））が、他者の使用（商標2③）に係る商標が自らの登録商標に同一又は類似であるとして、当該他者に対し当該使用行為の差止め（商標36①）や、当該使用によって生じた損害の賠償（民709）を請求する訴訟です。

2　商標権

　商標法は、「商標を保護することにより、商標の使用をする者の業務上の信用の維持を図る」ものです（商標1）。言い換えると、商標法は、商標の使用につき独占排他権を付すことで、紛らわしい商標により取引者や需要者が商品や役務（サービス）の出所を混同することを防ぎ、その商標に化体した商標権者の信用を保護しています。

　商標権者は、「指定商品又は指定役務について登録商標の使用をする権利を専有」します（商標25・30②）。商標権は、商標登録に係る言葉を一切使えなくする権利であるなどと誤解される向きもあるように見えますが、前述の趣旨に照らせば、あくまで商標として機能させる使用（「商標的使用」）を禁止する権利であることは理解できるでしょう（商標26①六）。

第7章　知的財産　　133

3　商標の類否判断

　前に述べた商標権の性質を反映し、商標の類否判断においては、商標に係る標章（マーク等）の類否と、商品又は役務（以下、「商品等」といいます。）の類否（商標37）の両方が問題となります。

　前者は、同一又は類似の商品等に使用された商標が、外観、観念、称呼等によって取引者、需要者に与える印象、記憶、連想等を総合して全体的に考察すべきであり、かつ、その商品等の取引の実情を明らかにし得る限り、その具体的な取引状況に基づいて判断すべきであるとされます（最判昭43・2・27民集22・2・399）。

4　商標権の権利者の留意点

　(1)　商標権を相談者が有しているか（又はその専用使用権者か）

　なお、商標権を有していなくとも、不正競争防止法により救済を受けられる場合があります（【68】【69】参照）。

　(2)　相手方の商標が、相談者の登録商標と同一又は類似であるか

　標章については前述のとおりです。商品等については、本件相談では、指定商品が和菓子なら、相手方製品が和菓子でない菓子であっても類似するとされるでしょう（出所混同は生じ得ます。）。

　(3)　相談者が商標を使用する権限又は正当な理由はあるか

　商標法特有の抗弁事由に注意しましょう（商標26①）。

　なお、警告の一般的な留意点につき、【65】を参照してください。

【67】 著作権

　私はイラストレーターです。私の描いたネコのイラストＣとそっくりなイラストＣ´が、勝手に知らない会社のパンフレットに使われていました。やめさせることはできませんか。

相談対応の ポイント	◇イラストＣの著作物性の確認。 ◇相談者が著作権を有しているか否かの確認。 ◇イラストＣ´が、イラストＣの内容及び形式を覚知させるか否か（Ｃの表現上の本質的な特徴を直接感得することができるか否か）の確認。 ◇イラストＣ´のイラストＣへの依拠性の確認。 ◇権利制限規定の適用の有無の確認。

1　著作権

　著作権は、【63】～【66】で取り上げてきた特許権等とは以下の点で性質が異なります。

① 　無方式主義　著作物が創作された時点で発生する（著作17②。特許権等（特許66①等）と異なり、行政処分は不要。）。

② 　著作物の創作性　創作性が認められなければ、そもそも著作権の保護の対象である著作物に該当しない（著作2①一）。

③ 　様々な著作物　著作権法10条1項各号に例示列挙。

④ 　財産権と人格権　財産権である著作権と、著作者人格権とがあり、様々な支分権よりなる（著作17①・21～28・18～20）。

⑤ 　制限規定　使用（利用）態様ごとに、細かく規定（著作30～49）。

2　相談者の留意点

　本件相談では、相談者の複製権又は翻案権（著作21・27）を、相手方が侵害しているといえないか、検討することになるでしょう。

（1）　イラストCに著作物性が認められるか

そもそも、イラストCがありふれたものであれば、創作性が認められず、著作権の保護対象である著作物とはされません（「表現の選択の幅」という概念で説明されることもあります。中山信弘『著作権法 Copyright Law』（有斐閣、第2版、2014）等の専門書を参照してください。）。

（2）　相談者がイラストCの著作権を有しているか

相談者がCの著作者のようですが、著作権が譲渡されていないか（著作61①）、職務著作（著作15）でないか確認しましょう。

（3）　イラストC´が、イラストCの内容及び形式を覚知させるか

複製は、既存の著作物に依拠し、その内容及び形式を覚知させるに足りるものを再製すること（最判昭53・9・7民集32・6・1145）、翻案は、既存の著作物に依拠し、かつ、その表現上の本質的な特徴の同一性を維持しつつ、具体的表現に修正、増減、変更等を加えて、新たに思想又は感情を創作的に表現することにより、これに接する者が既存の著作物の表現上の本質的な特徴を直接感得することのできる別の著作物を創作する行為（最判平13・6・28民集55・4・837）とされます。

（4）　イラストC´がイラストCに依拠したものであるか

Cが例えばインターネット上で広く公開されていたといった事情があれば、依拠の事実は推認されると思われます。

（5）　権利制限規定の適用はないか

本件相談では、私的使用のための複製（著作30）等に当たる可能性は低そうです。

なお、警告の一般的な留意点につき、【65】を参照してください。

136　　第7章　知的財産

第2　不正競争防止法に関する法律相談

【68】　不正競争防止法全般に関わる相談

　特許・商標・意匠登録をしていない商品製造ノウハウ、商品名、商品デザイン等を他社に真似されてしまった場合、法的に取り得る手段はないのでしょうか。

相談対応のポイント	◇産業財産権法の登録がされていない知的財産であっても不正競争防止法により法的保護を受けることができる可能性あり。

1　産業財産権法と不正競争防止法との関係

　法的に知的財産の保護を図るには、大きく分けると2つの方法があります。1つは、特許法のような産業財産権法によって、一定の手続（登録等。ただし著作権法は登録不要。）を踏んだ客体に権利を付与する方法（権利創設）であり、もう1つは、知的財産の侵害行為と考えられる一定の行為自体を規制する方法（行為規制）です。不正競争防止法は、後者に属する知的財産保護法制であり、「不正競争」に該当する行為を規制することで、特許登録等の手続を踏んでいないため前者の法制では保護されない知的財産を補完的に保護する役割を担っています。

2　不正競争防止法の全体像

　不正競争防止法が規制する行為の全体像は、次の表のとおりです。各行為に対しては、民事的措置、刑事的措置の一方又は両方が規定されており、知的財産保護の実効性が担保されています。

　本件相談における商品製造ノウハウ、商品名、商品デザインも、その模倣行為等が、それぞれ次の表の④営業秘密の侵害行為、①周知表示混同惹起行為又は②著名表示冒用行為、③形態模倣商品の提供行為の要件を満たせば、不正競争防止法の保護を受け得ることになります。知的財産に関する相談を受けた際には、特許権等の登録の有無とともに、必ず不正競争行為への該当性を検討することが必要です。

第7章　知的財産　　137

＜不正競争防止法の規制対象行為とこれに対する措置の全体像＞

規制対象行為		民事的措置 ・差止め ・損害賠償等	刑事的措置 ・罰則 ・両罰規定等
不正競争行為 （2条1項）	①　周知な商品等表示の混同惹起（1号）	○	○
	②　著名な商品等表示の冒用（2号）	○	○
	③　他人の商品形態を模倣した商品の提供（3号）	○	○
	④　営業秘密の侵害（4〜10号）	○	○
	⑤　技術的制限手段を無効化する装置等の提供（11・12号）	○	○
	⑥　ドメイン名の不正取得等（13号）	○	
	⑦　原産地、品質等の誤認惹起表示（14号）	○	○
	⑧　信用毀損行為（15号）	○	
	⑨　代理人等の商標冒用（16号）	○	
国際約束に基づく禁止行為	⑩　外国国旗等の不正使用（16条）		○
	⑪　国際機関の標章の不正使用（17条）		○
	⑫　外国公務員等への贈賄（18条）		○

○：当該措置について規定あり

138   第7章　知的財産

【69】　周知表示混同惹起・著名表示冒用

　ある業者が、当社商品「Ａ」と非常に紛らわしい「Ａ´」という商品
名で商品を販売していることが分かりました。「Ａ」について商標登
録はしていませんが、法的に取り得る手段はないでしょうか。

相談対応の ポイント	◇業者の行為が不正競争防止法上の周知表示混同惹 起、著名表示冒用に該当する場合は同法に基づいて、 差止め・損害賠償請求をすること等を検討。

1　ブランド名・商品名等を保護する制度

　ブランド名・商品名等の知的財産を保護する制度としては、商標法による
商標権がありますが、商標登録がされていない場合にその保護を受けること
はできません（【66】参照）。そのため、かかる登録がない本件相談の場合に
は、不正競争防止法による保護を検討する必要があります。同法が規定する
不正競争行為の中で、ブランド名・商品名等の保護に関係するものは、周知
な商品等表示の混同惹起行為（不正競争2①一）、著名な商品等表示の冒用行為
（不正競争2①二）です。

2　周知表示混同惹起行為の要件

　他人の商品等表示として需要者の間に広く認識されているものと同一若し
くは類似の商品等表示を使用する等して、他人の商品又は営業と混同を生じ
させる行為が、これに該当します（不正競争2①一）。

　ここで特に問題となるのが、「需要者の間に広く認識されている」という周
知性要件です。周知性は、必ずしも全国的に認められる必要はありませんが、
自己（表示使用者）・相手方（表示冒用者）の双方の営業地域において認めら
れることが必要であり、具体的には、商品等表示の内容、商品や役務の種類、
営業規模・営業方法、販売状況、宣伝広告の態様・頻度、商品等表示の使用
期間・使用方法、マスコミによる取材記事の有無やインターネットアクセス
の頻度、公正な機関が実施したアンケート調査の結果等から客観的に判断し

第7章　知的財産　　139

ていくことになります。相談者には、これらの裏付け資料をどの程度準備できるかをよく確認することが重要です。

3　著名表示冒用行為の要件

　自己の商品等表示として他人の著名な商品等表示と同一若しくは類似のものを使用等する行為が該当します（不正競争2①二）。

　周知表示混同惹起行為と異なり、混同を生じさせる必要がない反面、周知性より認知度の程度が高度な著名性が要求されています。

4　効　果

　相手方の行為がこれらの不正競争行為に該当する場合は、差止め・損害賠償請求をすることができます。その際の立証の困難性に対応するため、損害額の推定等の規定が設けられています（不正競争3〜5）。

<周知表示混同惹起行為と著名表示冒用行為の要件の異同>

	周知表示混同惹起行為	著名表示冒用行為
商品等表示の知名度	周　知 （需要者の間で広く知られている。）	著　名 （全国的に需要者以外にも広く知られている。）
類似の程度	同一又は類似	
混同行為	必　要	不　要
行為態様	使用、使用した商品の譲渡、引渡し、譲渡・引渡しのために展示、輸出、輸入、電気通信回線を通じて提供	自己の商品等表示として使用、使用した商品の譲渡、引渡し、譲渡・引渡しのために展示、輸出、輸入、電気通信回線を通じて提供

【70】 営業秘密

営業秘密を管理する上で、気をつけるべき点を教えてください。

相談対応のポイント	◇営業秘密の漏えいが発生した場合も不正競争防止法の保護を受けるため、秘密性に対する従業員等の認識可能性を確保。 ◇立証するための秘密管理措置を講じておく。

1 営業秘密による保護と特許による保護

　企業がその競争優位性を確保するためには、自社のアイデア・ノウハウ等を特許化して公開しつつ独占権を保持する方法のほかに、営業秘密として非公開のまま、独占的に利用し続ける方法が考えられます。特許には法定の期限がありますが（【63】参照）、営業秘密は秘密性が保持される限り、一定の法の保護を受けられるという特徴があります。

2 営業秘密の3要件

　あるアイデア・ノウハウ等が不正競争防止法上の営業秘密として保護されるためには、次の3要件の全てを満たす必要があります（不正競争2⑥）。このうち、もっとも争いになりやすいのは秘密管理性です。

① 秘密として管理されていること（秘密管理性）

② 事業活動に有用な技術上又は営業上の情報であること（有用性）

③ 公然と知られていないこと（非公知性）

3 秘密管理性の判断要素

　秘密管理性の有無を判断するに当たっては、近時、従業員等の予見可能性を確保するという秘密管理性要件の趣旨から、秘密性（情報保有者の秘密管理意思）が、保有者が実施する具体的状況に応じた経済合理的な秘密管理措置によって従業員等に対して明確に示され、秘密性に対する従業員等の認識可能性が確保されていたか否かが判断要素になるとする見解が有力となって

第7章　知的財産　　　141

います（経済産業省知的財産政策室編『逐条解説・不正競争防止法（逐条解説シリーズ）』41〜42頁（商事法務、2016））。

4　企業がとるべき秘密管理措置

　以上のことからすれば、実際に企業がとるべき具体的な秘密管理措置も、秘密性に対する従業員等の認識可能性を確保する措置であることが必要になります。どんなに厳重な管理を行ったとしても、当該管理をコントロールする立場の人間が不正を行うような事態の発生を完全に防ぐことは難しく、そうだとすれば、万一、営業秘密の漏えいが発生してしまった場合でも事後的に不正競争防止法による被害の回復を図ることができるようにしておくことが重要となるからです。

　具体的には、個々の会社ごとに、各社の具体的状況に応じた経済合理的な措置を検討していくことになりますが、その際には、経済産業省が作成しウェブサイト上で公開している「営業秘密管理指針」、「秘密情報の保護ハンドブック」等が参考になります。一般的なルールに則った分かりやすい管理を行うことで、前記の秘密管理性の立証が容易になるという効果も期待できます。

<「秘密情報の保護ハンドブック」が規定する5つの対策の概要>

物理的・技術的	①	接近の制御	アクセス権の設定、施錠等
	②	持出し困難化	ＵＳＢメモリの使用禁止等
心理的	③	視認性の確保	防犯カメラ、ＰＣログ記録等
	④	秘密情報の認識向上	マル秘表示、守秘契約締結等
環境整備	⑤	信頼関係の維持・向上	コミュニケーション促進等

第7章　知的財産

第3　ユーザーデータに関する法律相談

【71】　ユーザーのデータと知的財産権

当社は、工場用のIoT機器を製造販売するベンチャー企業です。ユーザーの工場で稼働しているIoT機器の稼働データを当社で収集し、そのデータを使って新しい事業ができないか考えています。工場で発生したデータについて、ユーザーは、何か権利を持つのでしょうか。そもそも、このデータは、誰のものなのでしょうか。

相談対応のポイント	◇データは無体物なので、「物」ではない。 ◇データにつき権利を付与する知的財産法その他の特別法はない。 ◇データを誰がどう利用できるかを事前に契約で決めておくべき。

1　データの所有権

まず、そもそも「データ」とは何かという問題があります。「データ」という語は様々な意味で用いられていますが（「その書面を私にデータでください。」という場合は、その書面の電子ファイルを指しています。）、本件相談の「データ」は工場の稼働データであり、具体的には製品の生産量等の時系列に沿った記録の情報を指すと思われます。

民法では、所有権の対象である「物」は有体物に限られます（民85）。本件相談の「データ」（情報）は無体物であるため、「物」に該当せず、所有権の対象になりません（なお、最近の議論につき、吉田克己＝片山直也編『財の多様化と民法学』（商事法務、2014）を参照。）。

さて、知的財産法ではどうでしょうか。まず、著作権について見ると、その保護対象は著作物（著作2①一）ですから、「データ」（情報）が表現されたものが創作性を有していたならば、著作権で保護され得ます。しかし、本件相談では情報そのものが問題となっていますから、著作権では保護できません。特許権は、アイデアを保護するので、無体物を保護するという点では、見込

第7章　知的財産　　143

みがありそうです。実際、構造化されたデータは、「プログラムに準ずるもの」（特許2④）に該当すれば、「発明」（特許2①）として、特許権の保護対象になることもあります。しかし、本件相談では、そのような特段の事情はうかがわれません。また、実用新案権の保護対象は「物品の形状、構造又は組合せに係る」「考案」ですから（新案1）、「データ」（情報）は保護できませんし、意匠権や商標権はなおさら問題外です。ほかに「データ」（情報）について独占排他権を付与する特別法も、今のところありません（ちなみに、個人情報の保護に関する法律も本件相談では問題となりません。）。

2　データの利用に関する契約

とはいえ、本件相談の相談者が、実際何を気にしているかといえば、収集した「データ」の利用に関して、後々ユーザーから、望まない利用をされたとして何か言われないかということでしょう。そうした懸念を払拭するためには、事前にユーザーと、「データ」の利用に関する契約を締結することが望ましいです。2017年5月、経済産業省は、「データの利用権限に関する契約ガイドラインVer1.0」（http://www.meti.go.jp/press/2017/05/20170530003/20170530003.html、（2018. 3. 16））を公表しました。こうしたガイドラインも参照しつつ、契約書案をデザインしてみるのがよいと思います。

コラム

○データの所有権の可能性

　現在、自律分散型台帳の技術であるブロックチェーンが発展しつつあります。ブロックチェーン上でデータを「登記」できるようになれば、ゆくゆくはデータの所有権を認める立法がされることになるのかも知れません。

144　　　　　第8章　親　族

第1　離婚に関する法律相談

【72】　離婚の準備

　夫と離婚したいのですがどのような準備をしたらよいでしょうか。
離婚のための手続についても教えてください。

相談対応の ポイント	◇離婚の合意ができていない場合は離婚事由（不貞行為、悪意の遺棄、生死不明、強度の精神病、婚姻を継続し難い重大事由）が必要。 ◇相談者と相手方の財産関係の整理。 ◇離婚手続には①協議離婚、②調停離婚、③審判離婚、④裁判離婚がある。

1　離婚事由と離婚に向けた準備

　離婚における法律相談で確認すべき問題は、離婚について合意ができているかという点です。この合意ができていない場合は、法定の離婚事由がなければ離婚はできません。法定の離婚事由とは次の5点です（民770）。

① 　配偶者の不貞行為

② 　配偶者からの悪意の遺棄

③ 　3年以上の生死不明

④ 　回復見込みのない強度の精神病

⑤ 　婚姻を継続し難い重大事由

　離婚事由があると考えられる場合は、保有する財産が分かる資料（預金通帳、保険証券、金融資産の裏付け資料、不動産の登記事項証明書、自動車の車検証など）、年金情報通知書（年金分割を求める場合）など離婚に向けた資料収集を相談者に指示します。

2　離婚のための手続

(1)　協議離婚

協議離婚とは、当事者の離婚合意と戸籍上の届出により離婚する手続です

（民763）。①離婚意思の合致が実質的要件、②戸籍法の定めによる届出が形式的要件となります。

(2) 調停離婚

調停離婚とは、家庭裁判所における調停等の手続により離婚する手続です（家事244）。協議離婚ができない場合、離婚をするには、調停申立ての必要があります（調停前置主義（家事257））。調停で離婚合意に達したときは、調停調書が作成されます。この調停調書には、確定判決と同一の効力があります（家事268）。調停条項に離婚合意があればその条項には既判力が生じ、養育費に関する合意があれば、執行力により強制執行が可能となります（家事75・287）。

(3) 審判離婚

審判離婚とは、調停で合意が成立する見込みがない場合、家庭裁判所が、調停に代わる審判により離婚審判をすることで成立する離婚です（家事284）。家庭裁判所は、相当と認めるとき、一切の事情を見て、職権で当事者双方の申立ての趣旨に反しない限度で、離婚の審判をすることができます。

(4) 裁判離婚

裁判離婚とは、調停が不成立に終わったとき、又は調停に代わる審判が異議申立てにより失効したとき、離婚訴訟により離婚をすることです。裁判所が下した判決が確定すれば、その判決には既判力が生じるほか、判決どおりの身分関係が形成されます。離婚訴訟においては、訴訟上の和解により離婚が成立することもあります（和解離婚（人訴37①））。

146　　第8章　親　族

【73】　有責配偶者からの離婚請求

　夫が浮気をした挙げ句、離婚をしたいと言ってきています。私が拒否すれば離婚はできないと聞きましたが、間違いないでしょうか。

相談対応の ポイント	◇有責配偶者からの離婚請求が認められ得るには、①別居が相当長期間、②未成熟子なし、③離婚請求認容が著しく社会正義に反する特段の事情なしが必要となる。

1　有責配偶者の意義

　自ら婚姻破綻の原因を作った配偶者を、有責配偶者といいます。

2　判例の考え方

　かつて、判例は有責配偶者からの離婚請求を認めていませんでした（最判昭27・2・19民集6・2・110、最判昭29・11・5民集8・11・2023、最判昭29・12・14民集8・12・2143）。

　しかし、現在では、婚姻が夫婦としての共同生活の実体を欠くようになり、その回復の見込みが全くない状態に至った場合には、戸籍上だけの婚姻を存続させることは、かえって不自然であるので、有責配偶者からの請求であるとの一事をもって離婚を許されないとすることはありません。他方、離婚請求は、正義・公平の観念、社会的倫理観に反するものであってはならず、信義誠実の原則に照らしても容認され得るものであることを要します。そこで、離婚請求を認容することが著しく社会正義に反するといえるような特段の事情が認められない限り、有責配偶者からの離婚請求を認容することとされています。

3　具体的な判断要素（判例）

　具体的な判断要素（判例）は以下のとおりです。

①　夫婦の別居が両当事者の年齢及び同居期間との対比において相当の長期

間に及ぶ。

② 夫婦の間に未成熟の子が存在しない。

③ 相手方配偶者が離婚により精神的・社会的・経済的に極めて苛酷な状態に置かれる等離婚請求を認容することが著しく社会正義に反するといえるような特段の事情が認められない。

判例は、前記の場合、有責配偶者からの請求であるとの一事をもって、離婚が許されないとすることはできないとしました（最判昭62・9・2民集41・6・1423）。

このように、判例は、前記3要件を満たすときに、有責配偶者からの離婚請求を認めますが、その前提として、婚姻が破綻していること、離婚請求が信義則に反しないことを示しています。これは、婚姻が破綻していないと認定されれば、3要件の審理には入らないことになりますし、3要件が満たされていなくても、信義則に反しないと判断されれば、離婚請求が認められることもあります。その意味で、3要件は相対的なものといえます。

例えば、有責配偶者からされた離婚請求で、夫婦の間に未成熟の子がいる場合でも、その一事をもって離婚請求が排斥されるものではなく、総合的に事情を考慮して、この離婚請求が信義誠実の原則に反するとはいえないときには、請求が認容されることもあり得るとされました（最判平6・2・8家月46・9・59）。

148　　　第8章　親　　族

【74】　不貞行為

　妻が浮気をしているようなのですが、慰謝料を請求できますか。また、浮気の相手に対しても慰謝料を請求できるでしょうか。

相談対応の ポイント	◇妻に対しては不貞行為そのものの慰謝料請求が可能。 ◇浮気の相手には不貞につき故意又は過失がある場合は慰謝料請求が可能。

1　配偶者に対する慰謝料請求

　離婚に伴う慰謝料には、①不貞行為から生じる精神的苦痛に対する慰謝料と②離婚を余儀なくされることによる精神的苦痛に対する慰謝料があります。

　(1)　不貞行為から生じる精神的苦痛に対する慰謝料

　慰謝料請求の法的性質は、不法行為に基づく損害賠償請求権（民709）ですから、「侵害行為」・「損害」・「因果関係」・「故意又は過失」の要件事実を主張・立証することが必要になります。

　特に立証が難しいのが「侵害行為」すなわち不貞行為です。不貞行為は密室で行われるため、決定的な証拠があるという場合はむしろ稀有です。配偶者と浮気の相手のメールやホテルを利用したことが分かる請求明細等の証拠を根気よく集める必要があります。

　不貞行為の被侵害利益は、「婚姻共同生活の平和の維持という権利又は法的保護に値する利益」（最判平8・3・26民集50・4・993）ですから、不貞行為の開始時に既に婚姻関係が破綻していた等の場合には、被侵害利益がない（因果関係もない）ということになりますので、慰謝料請求は認められません。

　(2)　離婚を余儀なくされることによる精神的苦痛に対する慰謝料

　離婚を余儀なくされることによる慰謝料請求は、「相手方の有責不法な行為によって離婚するの止むなきに至ったことにつき、相手方に対して損害賠償を請求することを目的とするものである」（最判昭31・2・21民集10・2・124）と

されています。したがって、破綻について当事者双方に責任があり、一方の
みが有責と認められない場合には、離婚自体についての慰謝料請求は認めら
れません。

2　浮気の相手に対する慰謝料請求

（1）　共同不法行為

浮気の相手は、故意又は過失がある限り、不貞行為について配偶者と共同
不法行為者となります。したがって、浮気の相手と配偶者は連帯して損害を
賠償する義務を負います（民719①）。

（2）　争いとなりやすいポイント

婚姻関係破綻後の不貞行為が不法行為にならないのは、前記1(1)のとおり
です。したがって、婚姻関係の破綻の有無、破綻時期と不貞行為の時期の前
後関係が争いになりやすいポイントです。請求に際しては、不貞行為が行わ
れる前の時期に夫婦関係が良好であったことを示すメール、日記や写真等の
証拠も用意する必要があるでしょう。

第8章　親　族

【75】　財産分与

　夫と離婚をすることで合意できそうなのですが、財産分与には応じないと言われています。どのようにしたらよいですか。

相談対応の ポイント	◇離婚後に財産分与の調停又は審判を申し立てることも可能。 ◇除斥期間に注意（離婚時から2年以内）。

1　財産分与の請求方法

　(1)　離婚後に財産分与を求める場合

　民法上、「離婚をした者」の一方は、相手方に対して財産の分与を請求できると定められています（民768①）。財産分与請求権は離婚の時に発生するものなので、離婚をした後で財産分与請求をすることができます。

　離婚後の財産分与請求は、別表第2の審判事項（家事39・別表第2④）です。別表第2の審判事項は、紛争性があり当事者の話合いにより解決することが望ましいことから、財産分与の審判を申し立てた場合でも、付調停にされることが多いといえます。そこで、申立人側で調停事件として申し立てることも一般的に行われています。

　離婚を希望している側であれば、離婚について先行して解決しておくことで、相手方に離婚自体を財産分与の交渉カードとして使われる事態を回避できるという面もあります。

　財産分与は、離婚時から2年以内に請求する必要があります（民768②）。この期間は除斥期間と解されていますので、十分注意する必要があるでしょう。

　(2)　離婚と並行して財産分与を求める場合

　財産分与請求権は、離婚によって初めて発生する権利です。しかし、離婚調停等の手続の附帯処分として、離婚と同時並行での解決を求めることができます（人訴32）。

第8章　親　族　　　151

2　財産分与の基準時

　財産分与の基準時については、別居時、離婚時、裁判時（口頭弁論終結時）等諸説ありますが、一般的には別居時が基準となることが多いようです。その根拠は、財産分与が夫婦で協働して築いた共有財産の清算という性質を有することから、実質的な協働関係は別居時に終わるという考え方だと思われます。

3　財産分与の割合

　法律上は財産分与の割合についての定めはありません。しかし、実務上は2分の1を原則とする考え方が定着しています。夫婦の一方が収入のない専業主婦（主夫）である場合の分与割合についても、現在は原則として2分の1の割合が認められることが多いと思います。共有財産の形成にどちらかの特別な寄与がある場合には、例外的に、その事情に応じて分与割合が調整されるという扱いです。

第8章　親　族

【76】　婚姻費用

夫が婚姻費用を払ってくれません。どうすればよいですか。

相談対応の ポ　イ　ン　ト	◇当事者間の協議が調わないときは家庭裁判所に調停 　を申し立てる。 ◇調停が調わないときは裁判所が審判により婚姻費用 　を定める。

1　婚姻費用の分担義務

夫婦は、その資産、収入その他一切の事情を考慮して、婚姻から生ずる費用を分担します（民760）。夫婦には、婚姻家庭の資産・収入・社会的地位等に応じた通常の社会生活を維持するために必要な費用の分担義務（生活保持義務）があるとされています。

2　婚姻費用を払ってもらうための手段

(1)　調　停

婚姻費用の分担は、当事者間の協議で決めることができます。当事者間の協議で決めることが難しい場合には、家庭裁判所での婚姻費用分担調停を申し立てます（家事255）。婚姻費用分担事件は審判事項（家事39・別表第2②）ですが、事件の性質上、当事者間での話合いによる解決に適することから、多くの場合は調停事件として開始されます。

調停の管轄は、相手方の住所地を管轄する家庭裁判所又は当事者が合意で定める家庭裁判所です（家事245①）。

調停手続によって合意に至らない場合には調停不成立となります。調停不成立となった場合には、調停の申立ての時に、家事審判の申立てがあったものとみなされて（家事272④）、審理を経て、審判により婚姻費用が定められることになります。

(2)　審　判

前記のとおり、婚姻費用分担事件は審判事項ですので、最初から審判申立

てを行うことも可能です。ただし、裁判所は、当事者の意見を聴いて、いつでも、職権で事件を調停に付することができます（家事274）。

（3）　審判前の保全処分

婚姻費用の分担額は、相手方が拒否している場合でも、最終的には審判により決定されます。しかし、調停・審判は申立てから早くても数か月はかかることが多く、特に生活の原資を相手方の収入のみに頼っている場合は、早期の審判を求めるだけでなく、審判内容の確実な実現に向けた保全処分も検討する必要があります。

婚姻費用分担について調停又は審判の申立てを行えば、審判を本案とする仮差押え、仮処分その他の必要な保全処分を申し立てることができます（家事157①）。審判前の保全処分の審判は、審判を受ける者に告知することにより効力を生じて、執行可能となります（家事74②・109②）。

3　婚姻費用の算定

婚姻費用の具体的な算定については、裁判所のウェブサイトに掲載されている算定表（注）に基づく婚姻費用の算定が広く定着してきました。家族構成に合致する算定表を選び、権利者・義務者双方の収入がクロスする部分の金額帯を婚姻費用額の基本として、別途考慮すべき事情があればそこから調整するというのが一般的です。

（注）　東京大阪養育費等研究会「簡易迅速な養育費等の算定を目指して－養育費・婚姻費用の算定方式と算定表の提案－」（判例タイムズ1111号285頁）

154　　　第8章　親　族

【77】　養育費

　夫と離婚し、未成年の子を私が引き取ることになったのですが、養育費はもらえますか。また、養育費の額を取り決めたとしても、支払を止められたらどうしたらよいのでしょうか。

相談対応のポイント	◇夫から協議等により定められた養育費をもらう。 ◇養育費の支払が止められた場合、合意につき公正証書や裁判所の調書等がある場合は強制執行により取り立てることができる。 ◇支払確保のための制度として家庭裁判所の履行勧告や履行命令がある。

1　養育費について

　養育費とは、未成熟子が独立の社会人として成長するまでに要する全ての費用です。両親には子の扶養義務（民877）がありますので、親権者かどうかにかかわらず、子と同居する親は、同居しない親に対して、子の扶養料を養育費として請求（求償）することができます。

　離婚の際は「子の監護に関する必要な処分（民766）」として養育費についても定めなければなりません。

　養育費の範囲や金額は、親の生活水準と同等の生活水準を維持するために必要かどうかによって判断されます。一般的には、別居開始時から成人するまでの期間の、衣食住の費用、教育費、医療費、合理的な娯楽費などですが、父母の学歴、生活レベルなどの教育的、経済的水準により個別的に判断されます。父母の収入から月額の支払額を簡便に算定する際の参考資料として、裁判所のウェブサイトに掲載されている養育費の算定表（注）があります。

　養育費の支払方法は、未成熟子の成長段階に応じて支払うという性質上、毎月一定額を支払う定期金支給が原則です。特別の事情がある場合に限り、一括支払も認められますが、一括支払の合意がなされたときは、その後再度の請求を認めるか否かにつきトラブルにならないよう確定しておく必要があ

ります。

複数の子がいる場合は、各子の割当額を明確にします。

子の成長・就職、養子縁組、新たな子の出生、親の収入支出の変化その他の事情変更があった場合は、養育費の増減額請求も可能です。

2 養育費の支払の確保について

養育費の支払を確保するために、協議離婚の場合は当事者の合意を強制執行認諾条項付きの公正証書にしておくこと、調停離婚、審判離婚、裁判離婚の場合は裁判所の調書や決定にしておくことが重要です。そうすれば、支払が止められたときは、給与の差押えなどの強制執行が可能です。差押禁止の範囲は、養育費など扶養義務に係る金銭債権については、給与等の2分の1とされています（民執152③）。

家庭裁判所の調停や審判で養育費を定めた場合には、裁判所による履行勧告と履行命令の制度を利用できます。

取決め方法	履行確保の制度
・口約束 ・私的な書面	－
強制執行認諾条項付公正証書	強制執行（民執22五） ※直接強制・間接強制が可能
家庭裁判所の調停調書・審判	・強制執行（直接強制・間接強制） ・履行勧告（家事289、人訴38①） ・履行命令（家事290、人訴39①）

（注）　東京大阪養育費等研究会「簡易迅速な養育費等の算定を目指して－養育費・婚姻費用の算定方式と算定表の提案－」（判例タイムズ1111号285頁）

156　　　　　　　　第8章　親　族

【78】　氏

　離婚後の氏はどのようにしたらよいのでしょうか。また、子の氏に
ついてはどうなりますか。

相談対応の ポイント	◇婚姻時に改姓した者（妻又は夫）は婚姻前の氏に戻るのが原則。 ◇婚姻中の氏の使用には離婚日から3か月以内に市町村役場に届出が必要。 ◇子の氏は親の離婚により父母の氏が異なることとなっても変更なし。 ◇子の氏の変更には家庭裁判所から氏の変更許可を得て、市町村役場に届出をする。

1　親の氏について

　夫婦が離婚した場合、婚姻により改姓した者は婚姻前の氏に戻るのが原則
です（民767①）。妻が夫の氏に改姓していることが多いので、離婚により妻が
旧姓に戻ることになります。しかし、離婚後も婚姻中の氏を名乗りたい場合、
離婚日から3か月以内に市町村役場に届け出ることにより、家庭裁判所の許
可を得ることなく、婚姻中の氏を使うことができます（民767②、戸籍77の2）。
　3か月を経過してしまった場合は、家庭裁判所から氏の変更許可（戸籍107①）
を得た上で市町村役場に届け出ることが必要です。
　また、子への影響を考えて離婚後も婚姻中の氏を使い続けたけれど、子が
成人したので旧姓に戻したい（復氏したい）という場合も、家庭裁判所から
氏の変更許可を得た上で市町村役場に届け出ることが必要です（戸籍107①）。

2　子の氏について

　子の氏は、親が離婚したり、復氏により父母の氏が異なったりしただけで
は変更されません。そのため、復氏した親の氏と子の氏とが異なる状態が生

第8章　親　族　157

じて、学校など実生活上の不都合が出てくることがあります。

　そこで、家庭裁判所の許可を得た上で、市町村役場に届け出ることにより、子の氏を変更することができます（民791①、戸籍98）。この手続は、子が15歳未満のときは法定代理人（民791③）として親権者が、子が15歳以上のときは子自身が行います。

　この手続により改姓した子は、成人に達したときから1年以内に市町村役場に届け出ることにより、家庭裁判所の許可を得ることなく改姓の直前の氏に戻ることができます（民791④、戸籍99）。

	離婚時に未成年の子がいる場合の戸籍と氏の状態 ※氏が異なる者は、同一戸籍には入れない。
婚姻中	父（筆頭者） 母 子
離婚届の提出時	父（筆頭者）　　　母（筆頭者）　　　※離婚届のみでは子の 子　　　　　　　　　　　　　　　　　　身分関係は変動しない。
子の氏を母の氏にそろえたい／母の戸籍に入りたいとき	父（筆頭者）　　　母（筆頭者） 　　　　　　　　　子 ※裁判所の子の氏の変更許可及び母の戸籍への入籍届が 　必要。
子が成人した後に父の氏に戻したいとき	父（筆頭者）　　　母（筆頭者） 子 ※成人後1年以内に父の戸籍への入籍届が必要。

第2　親権に関する法律相談

【79】　親権の定め方

離婚については合意ができていますが、子の親権について話がまとまらない場合はどうしたらよいですか。

相談対応のポイント	◇離婚の際、未成年の子がいる場合、子の親権者を定める。 ◇子の親権につき交渉・調停で合意ができない場合は、審判又は訴訟が必要。

1　離婚の要件

未成年の子がいる場合には、父母のどちらかを親権者とする旨を決めなければ、離婚することはできません（民819①②）。

2　必要な手続

話合いで親権者の合意ができない場合、調停手続で協議をし、調停が不成立となった場合、審判又は訴訟手続となります。

親権者の定めは離婚の絶対条件であるため、親権者について合意ができていない場合、離婚自体について合意ができていても、離婚手続と同様、調停前置主義（家事244・257①）によって必ず調停を経る必要があります。

親権が争いになる場合には、一般的には調査官の調査がされる場合が多いです。調査官とは、裁判官が監護者の地位や親権者を指定するための判断のために、必要な調査をした上で意見を報告する裁判所の職員です。調査官の調査結果をもとに、親権者をどちらにするかということが協議されることになります。

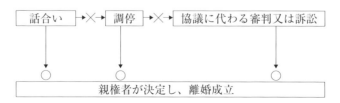

3 親権者の判断基準

「親権」とは、子に対する身上監護と財産管理についての、親としての権利であり義務です（民820・824）。そのため、親権者としてふさわしいのはどちらか、ということは、子にとってどちらの親に育てられた方がよいか、という子の利益が判断基準となります。

具体的には、以下の事情等を考慮して判断を行うことになります。

① 子の年齢や発育状況

子が乳児の場合は、母親を親権者に指定する例が多いです。

② 兄弟姉妹が別々にならないか

兄弟姉妹はなるべく同一親権者の下に置かれます。

③ 子の意思

15歳未満であっても、比較的年長児であれば子の意思は尊重されます。

④ 親、関係者の扶養能力

子を養育監護できる経済力があるか。

⑤ 監護の能力、意欲

具体的に監護の能力、意欲があるか。

⑥ 従前の監護状況

従前、どちらの下で子が育っているか。子の身の回りの世話をどちらがしているか。

⑦ 生活環境の変化

離婚により、子の生活環境が大きく変わり、子の成長に影響が出ないかどうか。

⑧ 協力者の有無

祖父母など、子育てを手伝ってくれる人がいるかどうか。

160   第8章 親 族

【80】 面会交流

離婚調停中ですが、妻が子と会わせてくれません。どのようにしたらよいでしょうか。

相談対応のポイント	◇面会交流調停又は審判の申立てにより子との面会交流を求める。 ◇離婚調停中の場合、面会交流調停を申し立て、離婚調停と併せて話し合う。 ◇面会交流調停が不成立の場合は審判移行。

1　面会交流とは

面会交流とは、離婚後又は別居中に子を養育・監護していない方の親が子と面会等を行うことをいいます。

2　手　続

面会交流の具体的な内容や方法については、まずは父母が話し合って決めることになります。話合いがまとまらない場合や話合いができない場合、面会交流を求める者から、家庭裁判所に調停又は審判の申立てをして、面会交流に関する内容や方法を求めることができます（民766①②）。この手続は、父母が別居中で子を監護している親がもう一方の親に会わせず、話合いもまとまらない又はできない場合にも、利用することができます。なお、離婚調停の申立時や離婚調停中に面会交流調停を申し立てたときは、離婚調停と併せて話し合うことができます。

子との面会交流は、子の健全な成長を助けるようなものである必要があります。そのため、調停手続では①子の年齢、②性別、③性格、④就学の有無、⑤生活のリズム、⑥生活環境等を考えて、子に精神的な負担をかけることのないように十分配慮する必要があります。また、面会交流は子の福祉を目的とするものであるため、子の意向を尊重した取決めができるように話合いが進められます。

第8章　親　族　　　161

　この話合いがまとまらず調停が不成立になった場合には自動的に審判手続が開始され、裁判官が一切の事情を考慮して、審判をすることになります。

3　強制執行の可否

　調停ないし審判で面会交流が定められたにもかかわらず、子を監護している親がその履行をしない場合、強制執行ができるかどうかという問題があります。

　まず、強制執行の前に、履行勧告という手続があります。この手続は、家庭裁判所で決めた調停や審判などの取決めを守らない人に対してそれを守らせるよう、家庭裁判所に相手方を説得してもらったり、勧告してもらう手続です。履行勧告をしてもらうためには、家庭裁判所に対して履行勧告の申出をする必要がありますが、家庭裁判所に費用を納める必要はありません（家事289①、人訴38①）。

　それでも面会交流が実施されない場合、面会交流の強制執行は、間接強制という方法がとられます。

　すなわち、約束した面会交流を一定の期間内に実施しなければ、面会交流を実施しない場合1回当たりいくらを支払う、というように命じることによって、心理的圧迫を与えるという方法によることになります。

第8章　親　族

第3　内縁に関する法律相談

【81】　内縁解消と財産分与

　内縁の夫から内縁関係の解消を求められています。財産的な請求はできませんか。

相談対応の ポイント	◇内縁関係は法律婚に準じて法律上の保護の対象となり、法律婚の規定が類推適用される。 ◇内縁関係の解消に伴い、離婚に準じて財産的請求が可能。

1　内縁関係とは

　内縁関係とは、婚姻の届出を欠くために法律上の婚姻ではないものの、男女が相協力して夫婦としての生活を営む結合であるという点で法律上の婚姻と異なるところはないため、法律上の婚姻に準じ法的保護の対象となる関係をいいます。

　内縁関係といえるためには、①当事者に婚姻の意思が認められること、かつ②共同生活をしていることが要件となります。

2　内縁解消により求められる財産的請求

　内縁は、法律上の婚姻関係に準じた関係として、法的保護の対象となるため、内縁の夫から内縁関係を解消したいと申し入れられた場合、以下の財産的請求をすることができます。

　(1)　財産分与

　夫婦は、夫婦共同で築いた財産について、婚姻を解消する際には分与を請求できますが、内縁関係の場合も、内縁関係を解消する際には、共に築いた財産について分与請求をすることができます。財産分与の対象となる財産は、離婚の場合と同様です。

　(2)　損害賠償

　一方当事者が正当な理由に基づかずに内縁の解消を求めている場合、他方

当事者は、慰謝料や財産的損害について賠償を請求できます。この点についても離婚の場合と同様です。

(3)　養育費

内縁関係の男女の間に子供があり、内縁の夫が認知している場合には、離婚の場合と同様、養育費の請求ができます。

(4)　年金分割

内縁関係解消の際にも年金分割は可能です。ただし、法律上の婚姻と異なり、制限があります。なぜなら、婚姻届や離婚届で夫婦であった期間が明確な法律上の婚姻とは異なり、内縁関係であった期間が客観的に明らかではないからです。

そのため、内縁関係については、被扶養者としての届出・申請が求められ、年金分割の対象期間も、かかる届出等がなされた場合に、内縁関係にあったことが客観的に明らかとなる国民年金の第3号被保険者（被扶養者）であった期間に限定されます。

(5)　認められない権利

いくら内縁関係とはいえ、法律上の婚姻ではないため、内縁当事者の一方が死亡した場合、相続人としては認められず、相続権はありません。そのため、内縁関係の解消が、当事者の死亡による場合には、財産的請求はできないことになります。

なお、死亡した内縁当事者に相続人がいない場合には、「被相続人と特別の縁故があった者」(民958の3) として、家庭裁判所に請求することにより、清算後残存すべき相続財産の全部又は一部を与えられる場合があります。また、居住用の建物の賃借人である内縁当事者に相続人がいない場合、他方当事者はこの賃借人の権利義務を承継します (借地借家36)。

164　　　　　　　第9章　相　続

第1　遺言の作成に関する法律相談

【82】　遺言の方式

　私は遺言を作成したいと思っているのですが、どのような方式で作成すればよいでしょうか。

相談対応の ポイント	◇原則、遺言は普通方式遺言で作成する。 ◇普通方式遺言には①自筆証書遺言、②公正証書遺言、 　③秘密証書遺言がある。

1　普通方式遺言と特別方式遺言

（1）　普通方式遺言

　遺言は、原則として、普通方式（①自筆証書、②公正証書、③秘密証書）によってしなければならないとされています（民967本文）。

　2人以上の者が同一の証書で遺言をすることはできません（民975）。

（2）　特別方式遺言

　特別方式遺言は普通方式遺言を行うことができない特殊な状況下でのみ認められる遺言方式です（民976ないし979）。

2　普通方式遺言の種類と特徴

（1）　自筆証書遺言

　自筆証書遺言は、遺言者が遺言の全文、日付、氏名をすべて自書し、押印をしなければなりません（民968①）。

（2）　公正証書遺言

　公正証書遺言は、①証人2人以上の立会いの下で、②遺言者が公証人に遺言の趣旨を口授し、③それを公証人が筆記して遺言者及び証人に読み聞かせ又は閲覧させ、④遺言者及び証人が筆記の正確なことを承認した後に署名・押印し（ただし、遺言者が署名できない場合は公証人がその事由を付記して署名に代えることができます。）、⑤公証人が①ないし④の方式に従って作成されたものであることを付記して署名・押印するという方式で作成されます（民969）。

第9章　相　続　　165

(3)　秘密証書遺言

　秘密証書遺言は、①遺言者が遺言の内容を記載した文書に署名・押印し、②それを封入した上で、同じ印鑑を用いて封印し、③公証人及び証人2人以上の前に封書を提出して自己の遺言書である旨並びにその筆者の氏名及び住所を申述し、④公証人がその証書を提出した日付及び遺言者の申述を封紙に記載した後、遺言者及び証人が署名・押印するという方式で作成されます（民970）。方式に欠ける場合であっても、自筆証書遺言としての方式を満たしていれば、自筆証書遺言として有効となります（民971）。

　遺言の全文が遺言者の自書である必要はありませんので、ワープロや代書でも構いませんが、署名は遺言者がする必要があります。

	自筆証書遺言	公正証書遺言	秘密証書遺言
メリット	①　簡易な方法で作成が可能 ②　費用がかからない	①　偽造・変造等のおそれがない ②　検認が不要	①　全文の自書は不要 ②　遺言内容を秘密にできる
デメリット	①　偽造や変造、隠匿が容易 ②　遺言の効力をめぐって争いが生じやすい ③　検認が必要	①　費用と手間がかかる	①　遺言の効力をめぐって争いが生じやすい ②　費用がかかる ③　検認が必要

第9章　相　続

【83】　相続させる旨の遺言

　私は、長男に先祖代々の土地を受け継いでもらう旨の遺言を作成しようと思っているのですが、何か法律上問題があるでしょうか。

相談対応の ポイント	◇相続させる旨の遺言は遺産分割方法の指定と解され、登記なくして第三者に対抗可能。また、単独申請で登記手続が可能。

1　相続させる旨の遺言とは

　相続させる旨の遺言とは、「（地番等で特定した）土地を長男に相続させる」というように、特定の遺産を特定の相続人に単独で相続により承継させようとする遺言をいいます。相続させる旨の遺言は、遺産分割方法の指定であると解されており、何らの行為を要せず被相続人の死亡の時に直ちに指定した遺産が相続により承継されるものと考えられています（最判平3・4・19判時1384・24参照）。

2　相続させる旨の遺言と遺贈との違い

　(1)　第三者対抗要件としての登記の要否

　相続させる旨の遺言による権利の移転は、登記なくしてその権利移転を第三者に対抗できます（最判平14・6・10判時1791・59）。

　これに対し、遺贈による権利の移転は、登記なくして第三者に対抗することはできません（最判昭39・3・6判時369・20）。

　(2)　登記手続の単独申請が可能か否か

　相続させる旨の遺言の場合、単独申請が可能です（不登63②）。遺贈の場合、遺言執行者がいればその者が登記義務者になりますが、遺言執行者がいない場合、他の相続人と共同して登記手続の申請を行わなければなりません（不登60）。

　(3)　登録免許税の税率

　相続させる旨の遺言と相続人に対する遺贈の登録免許税の税率は、現在はどちらも不動産の価額の1,000分の4です（登録免許税法9・17①・別表第1）。

第9章　相　続　　167

(4)　対象者

相続させる旨の遺言は、相続人以外に対してはできません。

遺贈は、相続人に対しても第三者に対しても行うことができます。

(5)　放　棄

相続させる旨の遺言を受けた相続人はその特定の財産を相続したくない場合には相続放棄をするしかありませんが（民915①・939）、受贈者はいつでも遺贈のみを放棄し（民986①）、相続を受けることができます。

	相続させる旨の遺言	遺　贈
第三者対抗要件としての登記	不　要	要
登記手続	単独申請	共同申請
登録免許税の税率	1,000分の4	1,000分の4（第三者は1,000分の20）
対象者	相続人のみ	相続人・第三者
放　棄	・相続放棄 ・相続の開始を知った時から3か月以内	・遺贈の放棄（相続放棄をする必要はない。） ・いつでも放棄できる。

3　相続させる旨の遺言と代襲相続

相続させる旨の遺言は、特段の事情がない限り、遺産を相続させるものとされた推定相続人が遺言者の死亡以前に死亡した場合には代襲相続はなされず、遺言は効力を失うことになります（最判平23・2・22判時2108・52）。

そのような場合に備えて予備的遺言をしておくことが考えられます。

168 第9章 相 続

【84】 遺言書の開封・検認

私の父がこの度亡くなりましたが、遺言書が出てきました。現在私が遺言書を預かっているのですが、私はどうしたらよいでしょうか。

相談対応の ポイント	◇遺言書が発見された場合遅滞なく家庭裁判所に提出して検認手続を行う。 ◇封印されている遺言は家庭裁判所において開封する。 ◇遺言執行者の指定がある場合は遺言執行者が相続人を代理する。

1 遺言書の検認・開封

(1) 遺言書の検認

遺言書の保管者は、相続の開始を知った後、遅滞なく、これを家庭裁判所に提出して、検認の請求をしなければなりません。相続人が遺言書を発見した場合も同様です（民1004①）。

検認は遺言書の現状を確認するための手続であって、遺言の有効性を確認する手続ではありません。

公正証書遺言の場合、検認は不要です（民1004②）。

(2) 遺言書の開封

封印のある遺言書は、家庭裁判所において相続人又はその代理人の立会いがなければ、開封することができません（民1004③）。

(3) 罰 則

検認・開封の手続に違反した場合は5万円以下の過料に処されることがあります（民1005）。ただし、手続違反の有無は遺言の効力自体には影響を及ぼしません。

2 遺言執行者

(1) 遺言執行者の選任

遺言者は、遺言で遺言執行者を指定し、又は指定を第三者に委託すること

ができます。遺言執行者は複数でも構いません（民1006①）。

遺言執行者がいない場合は、利害関係人は遺言執行者の選任を家庭裁判所に請求することができます（民1010）。

遺言執行者は、相続財産の管理その他遺言の執行に必要な一切の行為をする権利義務を有し（民1012①）、相続人の代理人とみなされます（民1015）。

(2)　相続人の処分権の制限

遺言執行者がある場合には、相続人は、相続財産の処分その他遺言の執行を妨げるべき行為をすることができないとされています（民1013）。そして、相続人が、遺言執行者の管理する財産について行った処分は無効となります（最判昭62・4・23判時1236・72）。ただし、遺言が特定の財産を目的としている場合は相続人の処分権の制限もその範囲に限定されます（民1014）。

170　　　　　　　　　第9章　相　続

【85】　信　託

　信託という方法を使うと自由に相続をさせられるようになると聞き
ましたが、どのような制度でしょうか。

相談対応の ポイント	◇信託は特定の財産を受託者に移転し受益者に受益権 を与える法形式。

1　相続と信託

　信託とは、委託者が、受託者に特定の財産を移転し、受託者に信託の目的
に従って受益者のために財産の管理や処分をさせる制度です。信託財産の形
式的な所有権は受託者に移り、受益者は受益権という権利を取得することに
なります。受益権をどのような内容にするのかは、信託契約等によって定め
ることができます。

　相続との関係で問題となる信託には、遺言信託（信託3二）と遺言代用信託
（信託90）があります。

　遺言信託は、遺言によって信託を設定する行為であり、民法が定める公正
証書遺言、自筆証書遺言、秘密証書遺言の各形式を守ってする必要がありま
す。

　一方、遺言代用信託とは、委託者と受託者が、委託者の死亡の時等に受益
権が発生する契約を結ぶことによって設定される信託です。遺言代用信託
は、遺言信託と比べて、委託者が自由に撤回できないこと、民法上の遺言の
形式を守る必要がないことに特色があります。

　信託を使うと、特定の財産を受益権として自由に構成し直すことができる
ので、例えば特定の不動産について居住する権利や賃料収入を得る権利など
を複数の受益者に分配することで柔軟な配慮をすることができます。

2　後継ぎ遺贈型受益者連続信託

　後継ぎ遺贈型受益者連続信託とは、特定の財産をまずはAに承継させ、A
が亡くなったら次はBにさせるという後継ぎ遺贈と呼ばれるものを、信託を

第9章　相　続　171

介して実現するものです。規定する信託法91条は読みにくい条文ですが、次のとおりの意味となります。

第1受益者　　　第2受益者　　　第3受益者　　　第4受益者
　　A　　→　　B　　→　　C　　→　　~~D~~

　第1受益者（A）が信託されたときから30年経過前に死亡、その後、第2受益者（B）が30年経過後に死亡した場合、次に受益者となるとされていた人物（C）までは受益者となれますが、それ以後に受益者と設定されていた者（D）は受益者になれません。

3　信託を用いるデメリット・留意点

（1）　専門家を受託者にできない

信託業法の定めによって、信託の引受けを業として行うためには内閣総理大臣から免許を取得する必要があります（信託業法2①・3）。そのため、弁護士など第三者的専門家を受託者にしにくいため信託が利用しにくくなっています。

（2）　遺留分減殺請求権との関係が未解明

信託を相続に用いた場合、遺留分減殺請求の対象となるのが、受託者への財産移転なのか、受益者の受益権取得なのか学説の対立があります。仮に、前説を前提とし、遺留分減殺請求がなされると、信託制度全体が崩壊しかねないので、留意が必要です。

（3）　税との関係を特に留意する必要がある

信託においては基本的には受益者に税が課されますが、税法は信託に配慮していないので、過大な税が課される場合があります。事前に十分な調査が必要です。

第9章　相　続

第2　遺産分割等に関する法律相談

【86】　戸籍の収集

　私の父が亡くなったのですが、私には異母兄弟がいるそうです。異母兄弟の住所はどのように探せばよいのでしょうか。

相談対応の ポイント	◇被相続人の戸籍を出生から死亡時まで取得し相続人 　を確定。 ◇戸籍の附票から各相続人の住所を調べる。

1　住民票

　住民票は、その人の住所を管轄している市町村役場から取得することができます。住民票には本籍が載っています。法定相続人（民887~890）の調査ですが、本件相談では、父親の住民票（父親は亡くなっていますので、正確には住民票の除票）を取得するところからスタートします。住民票の除票の保管期間は5年間となっていますので、注意してください。

2　戸　籍

　戸籍は、その人の本籍地の役所から取得することができます。

　戸籍は、戸籍制度の改正や転籍によって、順次新しいものが作成されていきます。戸籍に記載されていた者全員が死亡や結婚による転籍等によって除かれてカラになった戸籍のことを除籍謄本といいます。また、戸籍制度の改正の前に使用されていた旧様式の戸籍のことを改製原戸籍（通常「かいせいはらこせき」と呼びます。）といいます。

　本件相談では、まずは父親の最後の本籍地から戸籍を取得します。そのときのポイントとしては、同じ本籍地の役所が父親の戸籍を何通も持っていることがありますので、印紙を多めに送って、持っている戸籍を全て送ってくれるよう送付状等に書いておけば調査が早く済むでしょう。

　新しい戸籍が作成され、旧戸籍が別にある場合には、新しい戸籍に、なぜ新戸籍が作成されたのか、旧戸籍はどこにあるのかが書いてあります。取得

第9章　相　続　　173

した戸籍をよく読んで、前の戸籍の本籍地の役所から前の戸籍を取り寄せるようにします。そのときのポイントとしては、新戸籍のコピーを役所に送って、この戸籍の前の戸籍が欲しい旨伝えるとスムーズでしょう。

　このように、父親の出生から死亡までの戸籍を全て集めれば、父親の相続人及び彼らが転籍していった先が判明します。次は、その相続人の戸籍を取得して、生存の有無や代襲相続等が発生していないかを調べることとなります。

　調査の結果、父親の相続人が誰なのか判明したら、それぞれの本籍地の役所から戸籍の附票を取り寄せます。戸籍の附票は住民票と連動しており、住所が記載されていますので、相続人の住所が判明することとなります。

コラム

〇法定相続情報証明制度

　平成29年5月29日、不動産登記規則の一部を改正する省令（平成29年法務省令第20号）が施行されました。これにより、相続人は法定相続情報一覧図の写しを提出することで、相続があったことを証する戸籍謄本等に代えることができることになりました（不登規37の3）。法定相続情報一覧図とは、①被相続人の氏名・生年月日・最後の住所・死亡年月日、②相続開始時の同順位の相続人の氏名・生年月日・続柄を記載した書面のことをいいます。法定相続情報一覧図は相続人が必要書類を登記所に提出して、その写しの交付の申出をすることができます（不登規247）。

174　　　第9章　相　続

【87】　特別受益・寄与分

　父が亡くなりました。相続人は私と妹です。父の遺産分割に当たり、妹は、私が父から生前、独立開業資金として500万円の贈与を受けていたこと及び妹が父と同居して父の介護を行っていたことを考慮するよう要求しています。妹の要求に応じる必要はあるでしょうか。

相談対応の ポイント	◇独立開業資金の贈与は特別受益として具体的な相続分の算定に当たり考慮が必要。 ◇介護は親子間の扶養義務の範囲内の場合、寄与分に考慮しない。

1　特別受益

(1)　特別受益の定義

　特別受益とは、相続人が被相続人から遺贈又は婚姻、養子縁組若しくは生計の資本として贈与を受けた財産です（民903①）。

(2)　特別受益の種類

　特別受益該当性が問題となる主な財産と留意点は次のとおりです。

財産の種類	特別受益該当性	留意点
遺　　贈	◎	「相続させる」遺言も含む。
持参金、支度金	○	ただし、少額の場合は×
結納金、挙式費用	×	一般的には×
学資金	△	被相続人の資力、社会的地位等により異なる。
住居購入援助資金	◎	「生計の資本」となる。
独立開業資金	◎	「生計の資本」となる。
新築祝い等の祝い金	×	通常のお祝い金の範囲は×

第9章　相　続　　175

(3)　持戻しと免除

　特別受益が認められる場合、相続開始時の積極財産額に特別受益額を加算し（持戻し）、計算上の相続財産額（みなし相続財産）を算出した上で各相続人の具体的な相続分を計算します。

　ただし、被相続人が特別受益について明示又は黙示の方法により持戻し免除の意思表示を行っていた場合には、各相続人の遺留分を侵害しない範囲で持戻し計算を行う必要はありません（民903③）。

2　寄与分

(1)　寄与分の定義

　寄与分とは、共同相続人による「被相続人の事業に関する労務の提供又は財産上の給付、被相続人の療養看護その他の方法により被相続人の財産の維持又は増加について」の「特別の寄与」（民904の2）につき、遺産分割における調整を行う制度です。

(2)　寄与分の種類

　寄与分の種類には、類型的に①家業への従事、②被相続人の療養看護、③被相続人の扶養、④被相続人への金銭出資、⑤被相続人の財産管理があります。

(3)　寄与分認定の要件

　寄与分と認められるためには、①親族間の扶養義務等の範囲を超える特別な寄与であること、②被相続人の生存中の相続人自身による寄与であること、③被相続人の財産が増加又は維持されたこと、④寄与行為が無償で行われたこと、が必要です。

(4)　寄与分を考慮した具体的相続分の計算

　寄与分は相続開始時を基準時として評価し、相続開始時の被相続人の積極財産額から寄与分額を控除して、みなし相続財産額を算出した上で、各相続人の具体的な相続分を計算します。

176　　　　　　　　第9章　相　続

【88】　遺産分割の対象となる相続財産の範囲

　私の父が死亡しました。父名義の財産は銀行預金のほか、父が加入
し、私が受取人となっていた生命保険の死亡保険金です。父の遺産分
割に当たり、遺産分割の対象となる財産の範囲を教えてください。

相談対応の ポイント	◇被相続人名義の銀行預金は遺産分割の対象に含まれる。 ◇死亡保険金は受取人固有の財産であり、相続財産に含まれず遺産分割の対象外。

1　相続財産の範囲

　被相続人の一身専属権及び祭祀財産を除き、死亡時に被相続人に帰属していた一切の権利義務が相続財産となります(民896・897)。具体的には、不動産、現金、預金債権、株式、社債、国債、投資信託、ゴルフ会員権、知的財産権、動産等が相続財産に該当し、負債も相続財産に含まれます。

　前記のうち、遺産分割の対象となるのは、積極財産のみです。金銭債務は相続により当然に各相続人に法定相続分で承継されるため、相続人間で合意した場合であっても遺産分割の対象とはならず、家事審判手続においても審判の対象外とされます。

2　預金債権についての判例変更

　預金債権は、可分債権であることから遺産分割協議を経ることなく相続開始と同時に法定相続分に応じて当然分割され、各相続人に帰属するというのが従来の判例でした(最判平16・4・20判タ1151・294参照)。

　しかし、預金債権は被相続人の主要な財産であることも多く、各相続人の取得分の調整材料として分配しやすいものであることから、家庭裁判所における遺産分割調停においても当事者全員の合意を前提として相続財産に含める等、実務上は遺産分割協議の対象とされてきました。

　そこで、最高裁は平成28年12月19日決定(判時2333・68)により従来の判例を

第9章　相　続　　177

変更し、「共同相続された普通預金債権、通常貯金債権及び定期貯金債権は、いずれも、相続開始と同時に当然に相続分に応じて分割されることはなく、遺産分割の対象となる」と判断しました。また、定期預金債権及び定期積金債権についても同様の判断がされています（最判平29・4・6判タ1437・67）。

＜判例変更の要点＞

・預金債権の分割に遺産分割協議が必須となった。
・債務弁済や未成年の相続人扶養のため相続人が緊急に預金債権の払戻しを受けるためには、仮分割の仮処分決定（家事200②）や預金に限定した一部分割調停が必要。

3　保険金請求権の取扱い

　死亡保険金は保険契約に基づいて受取人が固有の権利として取得するものであり、遺産分割の対象となる相続財産には含まれません。受取人に特定の相続人が指定されている場合だけでなく、「相続人」と指定されている場合も同様です。

　なお、死亡保険金は、金額や相続財産に占める割合等から保険金受取人である相続人とその他の共同相続人との間に著しい不公平が生じるとの特段の事情がある場合は特別受益に準じ持戻しの対象となることがあります（最決平16・10・29判時1884・41）。

第9章 相　続

【89】　遺産分割の裁判手続

遺産分割について相続人間で話合いを行ってきましたが、協議がまとまりません。裁判所で解決をしたいのですが、この後どうすればよいか、手続を教えてください。

相談対応のポイント	◇家庭裁判所に遺産分割調停を提起するか、その他の裁判手続（特殊調停、通常民事訴訟等）を利用。 ◇遺産分割調停における協議が不成立の場合は家事審判手続に移行。

1　争点に応じた手続の選択

遺産分割の争点は主に次の5点に分類することができ、①から⑤の順に解決を図っていきます。

① 相続人の範囲（親子関係の存否等）

② 遺産の範囲（預貯金の存否、不動産の所有権の有無等）

③ 遺産の評価（不動産や有価証券等の評価金額）

④ 各相続人の取得額（特別受益・寄与分による調整）

⑤ 遺産の分割方法（現物分割、代償分割、換価分割、共有分割）

遺産分割に関する紛争解決は、家庭裁判所における遺産分割調停手続を利用することが一般的です。しかし、①相続人の範囲や②遺産の範囲といったいわゆる遺産分割の前提問題について争いがある場合には、遺産分割調停に続く家事審判は既判力を有さないとされているため（最決昭41・3・2判時439・12）、①につき家庭裁判所における合意に相当する審判（家事277）を目的とする特殊調停や、②につき地方裁判所における遺産の確認訴訟（通常民事訴訟）の提起を検討する必要があります。

2　遺産分割調停の概要

(1)　調停前置主義の対象外

遺産分割調停は家事事件手続法別表第2の審判事件であるため、調停前置

主義（家事257①・244）の適用はなく、初めから家事審判を申し立てることも可能です。しかし、実務上、いきなり審判申立てを行っても裁判所の職権で調停に付される運用となっていることから、家事調停手続を選択することが通常です。

（2）　相手方及び管轄

法定相続人全員を相手方とし、相手方の住所地（相手方が複数いる場合はいずれかの住所地）を管轄する家庭裁判所か法定相続人間で合意した家庭裁判所に申立てを行う必要があります。

（3）　審理方法

調停委員との交互面接の方法により、相手方と直接対峙することなく審理を進めることができます。遺産分割調停は当事者主義的な運用がされており、当事者が通常民事訴訟と同様に書面による積極的な主張立証活動を行う必要があります。なお、遺産分割の争点は多岐にわたり、長期化する傾向にあるため、合意が調った事項から中間合意の制度により合意内容を調書化し、争点の蒸し返しを防ぐことが重要です。

（4）　不調時の審判移行

遺産分割調停が不調となった場合は自動的に審判手続に移行し（家事272④）、最終的に裁判所が審判により遺産の分配を決定します。

（5）　取下げ

遺産分割調停は調停終了時まで相手方の同意なく取下げが可能です（家事273①）。なお、審判手続に移行した後の取下げには一定の制約があります（家事199・153）。

第9章　相　続

第3　遺留分減殺請求に関する法律相談

【90】　遺留分額の算定

　私の父がこの度亡くなりましたが、父は遺言を残しており、母にすべての財産（土地建物5,000万円相当、預金4,000万円）を残しました。また、兄には10年前に事業の援助資金として3,000万円を渡していました。ところが、私には特に何の財産も残してくれませんでした。私は、母や兄に何か請求できないのでしょうか。

相談対応の ポイント	◇遺留分の減殺請求をすることが可能。

1　遺留分とは

　遺留分とは、被相続人の生前処分（贈与）又は死因処分（遺贈）によって奪われることのない、相続人に保障された相続財産の一定割合をいいます（民1028）。法律上保障された遺留分割合（総体的遺留分）を表にまとめると、次のようになります。

> 直系尊属のみが相続人：相続財産の1／3×自らの相続割合
> それ以外の場合：相続財産の1／2×自らの相続割合

　被相続人の兄弟姉妹には、遺留分がないことに注意しましょう。また、相続欠格、廃除により相続権を有しない者、相続放棄をした者も、遺留分はありません。

2　遺留分侵害額の算定

(1)　遺留分減殺請求権とその具体的な額

　遺留分減殺請求権は、遺留分権利者が被相続人から得た相続財産等が、遺留分額にも達していないというときに、初めて生じます。その不足分相当額を遺留分侵害額といい、遺留分減殺請求において具体的に請求する額は、この遺留分侵害額となります。遺留分侵害額の算定式は、次のようになります。

第9章　相　続　　181

> 遺留分侵害額＝遺留分額－遺留分権利者が得た相続財産等の額

(2)　具体的算定方法

遺留分額は、次の式で算定します。

> 遺留分額＝遺留分算定の基礎となる財産の額×法定相続分×総
> 　　　　体的遺留分

　遺留分算定の基礎となる財産（基礎財産）の額は、相続開始時に被相続人が有していた財産の価格に、遺贈及び贈与の額を加算し、相続債務額を控除した額となります。

　加算する贈与について具体的に検討する事項は、次のとおりです。

①　相続開始前1年の間になされた贈与（民1030前段）

②　当事者双方が遺留分権利者に損害を加えることを知ってなされた贈与（民1030後段）

③　共同相続人への特別受益（民1044による同903の準用）

④　負担付贈与（民1038）

⑤　不相当な額でなされた有償処分（民1039）

3　本件相談の遺留分侵害額

　共同相続人への特別受益（民903）となる額については、その時期や当事者の認識のいかんにかかわらず、原則として全て基礎財産に算入します。本件相談の兄への贈与も「生計の資本」の贈与として加算します。

　本件相談について計算すると、遺留分侵害額は、1,500万円となります。

182　　第9章　相　続

【91】　遺留分減殺請求権の行使

【90】の事案で、母や兄は、私が遺留分を求めても話合いに応じよう
としません。どのような手続をとることができ、またその結果どうな
りますか。

相談対応の ポイント	◇遺留分減殺請求権は裁判外でも請求可能。 ◇相手の応答がない場合や合意に至らない場合は調 　停・訴訟へと進む。

1　遺留分減殺請求権の行使
(1)　手続上の処理手順
　遺留分減殺請求権の行使は、意思表示で足り、必ずしも裁判上の請求によ
る必要はありません（形成権説）。もっとも、相手が話合いに応じない場合、
請求内容について合意することが困難な場合等には、裁判上の請求を行うこ
とになります。いずれにせよ、遺留分減殺請求権には、相続開始及び減殺す
べき贈与又は遺贈があったことを知った時から1年間という短期消滅時効が
規定されていることに注意が必要です（民1042）。また、遺留分をめぐる事件
は、調停前置主義となっています（家事244・257①）。
　処理手順の大まかな流れは、次のようになります。

> ①　配達証明付内容証明郵便等により請求
> 　　↓応答なし／合意できず
> ②　家庭裁判所に対し調停申立て
> 　　↓不調
> ③　地方裁判所又は簡易裁判所に対し民事訴訟の提起

(2)　遺留分減殺請求権行使の順序
　民法1033条は、「贈与は、遺贈を減殺した後でなければ、減殺することがで
きない。」とし、まず遺贈に対して減殺請求した後で、それでも不足があれば
贈与に対して減殺請求するとしています。
　「相続させる」旨の遺言は遺贈と同様に解され、死因贈与は、生前贈与よ

り先に減殺の対象になります（東京高判平12・3・8判時1753・57）。また、遺贈と相続分の指定との間では順序を区別しないのが通説とされています。これらが複数ある場合には、遺贈等の割合に応じて減殺されることになります（民1034）。

　同順位の贈与が複数ある場合には、新しい贈与から古い贈与へ遡って順次減殺請求の対象とします（民1035）。

2　遺留分減殺請求権行使の効果

　判例は、遺留分減殺請求権を行使することによって、遺留分を侵害する限度で贈与及び遺贈の効力は失効し、受贈者及び受遺者が取得した権利がその限度で遺留分権利者に復帰するとしています（物権的効果説（最判昭41・7・14判時458・33））。また、返還義務者は、現物返還に代えて価格弁償をすることも可能です（民1041）。

3　本件相談における処理

　本件相談では、母に対する遺贈と兄に対する贈与があり、贈与より先に遺贈に対する請求を行うことになっていることから、まず母に対する遺贈について減殺請求をすることになります。

　なお、遺贈につき母に対する給付が完了していなければ、母に返還義務は生じません。ここでは給付が完了しているとの前提です。

第1　発信者情報開示請求に関する法律相談

【92】　発信者情報開示請求の相手方

とあるインターネット掲示板で私を誹謗する書き込みがあったので発信者情報開示請求をしようと思うのですが、誰を相手にすればよいのですか。

相談対応の ポイント	◇発信者情報開示請求の相手方は、コンテンツプロバイダ。 ◇IPアドレス、投稿時刻等の開示を受けた上で、接続プロバイダを相手にして、氏名、住所等の開示を受ける。

1　発信者特定までの流れについて

発信者情報開示請求の手続の具体的な流れは【93】に譲りますが、発信者がインターネット上の掲示板等に投稿するまでには、次のような流れを辿ります。ここで、コンテンツプロバイダ、インターネット接続プロバイダという2種類のプロバイダが出てきますが、いずれを相手にすれば発信者を特定できるかを検討することになります。

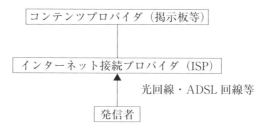

2　プロバイダの意義

発信者情報開示請求の要件等を定める「特定電気通信役務提供者の損害賠償責任の制限及び発信者情報の開示に関する法律」（以下、「プロバイダ責任

第10章　ＩＴ（インターネット）　　185

制限法」といいます。）では、プロバイダに対して発信者情報開示請求ができる旨を規定しています（プロバイダ責任制限法4）。一般的にプロバイダとは、インターネット接続サービスを提供するプロバイダ（接続プロバイダ）をいいますが、プロバイダ責任制限法上のプロバイダ等には掲示板の管理者等のコンテンツプロバイダも含みます。

3　発信者情報開示請求の相手方について

　前記の図のうち、書き込みがなされている掲示板等を管理しているコンテンツプロバイダに対し、発信者情報開示請求をすることとなります。しかし、コンテンツプロバイダは、発信者の氏名や住所まで把握していることはほとんどありません。そのため、コンテンツプロバイダからは、IPアドレス、侵害情報の投稿時刻等の開示を受け（第一段階）、IPアドレス、投稿時刻を取得します。そして、取得したIPアドレスを元に「Whois」検索（http://whois.jprs.jp、（2018.3.16））を行い、インターネット接続プロバイダの特定を行います。その上で、発信者と契約関係にあるインターネット接続プロバイダに対し、氏名、住所、メールアドレス等の発信者情報開示請求を行います（第二段階）。この流れについてまとめると以下のとおりになります。

① 　コンテンツプロバイダに対する発信者情報開示請求
　　→IPアドレス及び侵害情報の投稿時刻を取得
② 　①で取得したIPアドレスを「Whois」検索
　　→インターネット接続プロバイダの管理者を特定
③ 　②で特定したインターネット接続プロバイダに対し、①で取得したIPアドレス、侵害情報の投稿時刻を基に発信者情報開示請求
　　→発信者の氏名、住所、メールアドレス等を取得

第10章　ＩＴ（インターネット）

【93】　発信者情報開示請求の手続

　あるインターネット掲示板で私のことを名指しで「能無しバカ野郎」等と誹謗中傷する書き込みがありました。匿名掲示板なので、誰が書いたか分からないのですが、特定したいです。どのような手続を取ればよいですか。

相談対応のポイント	◇インターネット上の書き込みの相手の特定に関する法的手続として「発信者情報開示請求」がある。 ◇「発信者情報開示請求」手続には①任意の請求、②法的請求がある。

1　発信者情報開示請求の概要

　「発信者情報開示請求」の要件について整理すると次のとおりです（プロバイダ責任制限法4）。

①　侵害情報の流通によって当該開示の請求をする者の権利が侵害されたことが明らかであるとき（権利侵害の明白性）

②　当該発信者情報が当該開示の請求をする者の損害賠償請求権の行使のために必要である場合その他発信者情報の開示を受けるべき正当な理由があるとき（開示を受ける正当な理由）

　請求をする際は前記要件を満たしていることを主張・立証する必要があります。

2　任意の開示請求

　任意開示の場合は、直接プロバイダに対し、発信者情報の開示を求めることになります。書式等に決まりはありませんが、プロバイダ責任制限法関連情報ウェブサイト（http://www.isplaw.jp、（2018.3.16））において書式が公開されていますので参考となります。なお、現状、任意開示に応じるプロバイダは少なく、多くは後述する法的な開示請求をせざるを得ないことになります。

第10章　ＩＴ（インターネット）　　187

3　法的な開示請求

　前記2の任意での開示請求が功を奏しない場合、法的措置で開示を受ける必要があります。

（1）　発信者情報開示仮処分

　プロバイダ等のアクセスログに保存期間がないため、時間の経過により削除される可能性があるので、まずは、仮処分において迅速な開示を求めることになります。この場合、仮処分で開示を得られるのは、IPアドレス、投稿時刻のみで、氏名等の開示を受けることはできないことが多いです。そのため、【92】におけるコンテンツプロバイダに対する開示請求を仮処分で行うというのが一般的です。

（2）　発信者情報開示請求訴訟

　前記のように、仮処分では氏名等の開示を受けられないので、コンテンツプロバイダから得たIPアドレス等を元にインターネット接続プロバイダが発覚したら、インターネット接続プロバイダに対し、氏名等の発信者情報開示請求を行うことになります。この際、インターネット接続プロバイダにおいてもアクセスログが削除される可能性があるので、仮処分として発信者情報削除禁止の仮処分を並行して行うことになります。

188　　　　第10章　ＩＴ（インターネット）

【94】　発信者情報開示請求に対する意見照会書

　私のところに突然、契約しているプロバイダから「発信者情報開示請求に対する意見照会書」という書面が来ましたが、どのように対応すればよいのでしょうか。

相談対応のポイント	◇発信者情報開示請求に対する意見照会書には回答の法的義務はなく、回答しなかった場合の罰則等もない。 ◇回答しない場合、プロバイダの判断で発信者情報開示のリスクあり。

1　発信者情報開示請求に対する意見照会書の法的位置付け

　プロバイダ責任制限法4条2項では、「開示関係役務提供者は、前項の規定による開示の請求を受けたときは、当該開示の請求に係る侵害情報の発信者と連絡することができない場合その他特別の事情がある場合を除き、開示されるかどうかについて当該発信者の意見を聴かなければならない」と規定しています。

　この規定を受けて、発信者情報開示請求を受けたプロバイダは発信者に対し、意見照会書を送付して、発信者情報開示請求に対する意見として次のような点を照会してきます。

① 　発信者情報開示請求に同意するか否か

② 　同意しない場合、その理由

③ 　理由を裏付ける証拠等がある場合、その証拠

　この意見照会の手続は、プロバイダ責任制限法上、開示関係役務提供者の手続上の義務として定められているにすぎず、発信者の回答義務については定めていません。そのため、法的に発信者が照会に回答すべき義務はありません。

第10章　ＩＴ（インターネット）

2　発信者情報開示請求に対する意見照会書に対する対応

(1)　対応しなかった場合の不利益等

前記のように、発信者情報開示請求に対する意見照会書に対し、回答すべき法的な義務はありません。そのため、回答しなかったからといって罰則等が科されることはありません。

しかし、プロバイダは、照会書も参考にして開示するか否かを決定することになるので、照会書の回答がない場合、プロバイダの判断のみで開示するか否かが決定されてしまうおそれがあります。情報が開示された場合、氏名、住所等が請求者に開示され、請求者より、慰謝料請求訴訟等を提起されるおそれがあります。

(2)　具体的な対応方法

【93】で記載したとおり、発信者情報開示請求は、「権利侵害が明白な場合」に認められます。そのため、発信者においては、自身の発信内容が開示請求者の権利侵害に当たるか検討し、当たらないという場合は、権利侵害の不存在を理由として照会書に回答をするべきです。その際、何らかの証拠がある場合は、照会書に添付すべきです。

ただし、照会書に権利侵害がないことを理由に開示に同意しない旨回答したとしても、発信者情報開示請求訴訟の結果、開示が認められる場合もありますので注意が必要です。

190 　　　第10章　ＩＴ（インターネット）

第2　削除請求等に関する法律相談

【95】　削除請求の手続

　他人のブログに私の写真が無断で掲載されていました。掲載をやめてほしいのですが、どのような手続をとればよいですか。

相談対応のポイント	◇当該ブログを管理するサイト管理者・サーバー会社に写真の削除を求める方法（任意交渉による削除依頼）。 ◇人格権に基づき、裁判所を通じて、写真の削除を求める方法（裁判所を通じた手続）。

1　ブログ等に無断で掲載された写真を削除するための手続

　ブログ等に自身の写真を無断で掲載された場合、ブログ記事の作成者に対し、直接削除を依頼する方法が考えられます。

　しかし、インターネットに掲載されるブログ記事のほとんどは、匿名（＝個人を特定できない）による投稿です。「誰がその記事を投稿したのか」を特定するためには、プロバイダ責任制限法の手続によることになります。

　もっとも、ブログ記事の作成者を特定し、削除を依頼したところで、素直に削除に応じてもらえるとは限りません。

　そこで、ブログ記事の作成者ではなく、ブログサービスを運営するサイトの管理者やブログ記事のデータを管理するサーバー会社に削除を依頼することが考えられます。

　また、サーバー会社との交渉が功を奏しない場合には、裁判所を通じて、写真の削除を認めてもらう方法があります。

2　任意交渉による削除依頼

　サーバー会社に対してブログ記事の削除を依頼するに当たって、まずは削除依頼を行うサイト管理者を特定する必要があります。基本的には、サイトのトップページにある「会社概要」等のページからサイト管理者を特定する

ことができます。

　多くのサイトには、サイト管理者に連絡がとれるオンラインフォームが準備されています。削除依頼は、このオンラインフォームから行います。氏名や連絡先、削除対象となる記事や、なぜ当該記事を削除したいのかという理由を記載することが一般的です。

　また、この他に、一般社団法人テレコムサービス協会を通じ、当該協会に加入している事業者に対して削除依頼をする方法もあります。これは、「送信防止措置依頼」と呼ばれています。

3　裁判所を通じた手続

　任意交渉による削除が実現しない場合は、裁判所に対し、削除を求める仮処分を申し立てることも検討すべきです。これは、名誉権やプライバシー権などの人格権に対する侵害が一応認められると判断された場合に、一定の担保金（通常30万円程度）を供託することを条件として、裁判所が「削除を仮に認める」という命令を発令する手続です。結論が出るまで、申立てから1か月〜2か月程度であり、通常の裁判手続と比較すると迅速に削除を実現することができます。

　フローを大まかにまとめると、以下のとおりです。

```
① 　任意交渉による削除依頼の検討
　・サイト管理者が特定できるか。
　・サイト管理者が任意の削除に応じるか。
　　　　　↓
② 　削除の仮処分申立ての検討
```

第10章　ＩＴ（インターネット）

【96】　個人の誹謗中傷に対する慰謝料請求

　Ｙさんが、あるインターネット掲示板に、私のことを「能無し馬鹿野郎」などと書いていました。Ｙさんに対して慰謝料請求をすることはできないですか。

相談対応の ポイント	◇名誉権を侵害したと認められる場合、慰謝料請求が可能。

1　名誉毀損の要件

　インターネット上においても名誉毀損の問題が生じることは言うまでもありません。

　判例上、「名誉」とは、「人がその品性、徳行、名声、信用等の人格的価値について社会から受ける客観的な評価」と定義され、その人自身が主観的に有する自らの人格的価値に係る評価（いわゆる「名誉感情」）とは区別されます（最判昭45・12・18判タ257・139）。

　インターネットにおいて、特定の人物の名誉を毀損する表現を行った者については、特定の人物に対して損害賠償義務を負うことがあります。

　しかし、特定人物の名誉を毀損する表現であっても、①公共の利害に関する事実に係ること、②目的が専ら公益を図るものであること及び③摘示された事実が重要な部分において真実であること又は摘示された事実が重要な部分において真実であると信ずるについて相当の理由があることという要件を満たす場合には、損害賠償義務は免責されます（以下、①ないし③を「事実の摘示の名誉毀損に関する免責要件」といいます。）。

　名誉毀損の要件をまとめると、次のようになります。

①　特定の人物の名誉権を侵害する表現がされたこと
②　①によって特定の人物に損害が生じたこと
③　事実の摘示の名誉毀損に関する免責要件を満たさないこと

第10章　ＩＴ（インターネット）　193

2　損害の内容

最も代表的なものは、名誉毀損の表現により被った精神的苦痛に対する金銭的賠償、すなわち慰謝料です。

一般的には、10万円～100万円程度が相場とされています。

これに加えて、インターネットにおける名誉毀損については、当該書き込みを行った者が誰なのかを特定する（発信者情報開示手続等を行う）ために要した費用（弁護士費用等）も損害として上乗せが認められる傾向にあります。

3　本件相談の場合

Ｙさんがインターネット掲示板に相談者のことを「能無し馬鹿野郎」と書き込んだのは、相談者の名誉権を侵害する行為であり、それによって相談者は精神的苦痛を被ったといえます。また、Ｙさんの書き込みが公共性を有するものだとか、公共のために行われたものだとは到底いえないでしょう。

したがって、相談者は、Ｙさんに対して、慰謝料を請求できる可能性があります。

194　　　　　　　第10章　ＩＴ（インターネット）

【97】　削除請求の対象

　私は個人でフレンチレストランを営んでいるのですが、ある方のブログで(1)「あの店の料理はマズイ」と書かれていました。法的な請求で削除してもらうことはできませんか。(2)「あの店は消費期限切れの食材を使用している」と書かれているものは削除してもらえますか。

相談対応のポイント	◇いずれも、名誉権に基づく削除請求が認められない可能性あり。

1　店舗の評判に関わるインターネット上の書き込みへの対応

　ブログやSNS（ソーシャル・ネットワーキング・サービス）の発達により、今や、誰でも・いつでも・簡単に、商品やサービスに関する批評を行うことができるようになっています。そのような批評の中には、本件相談のように、そのサービスの信用を貶めるようなものもあります。このような場合には、本章第2で検討しているとおり、名誉権に基づく削除請求ができるかどうかが検討されるべきです。

2　削除請求が認められる対象

　それでは、店舗の評判を悪化させるものであれば、あらゆる書き込み・記事が削除の対象になるのでしょうか。

　【96】で述べたとおり、「名誉」とは「社会から受ける客観的な評価」です。したがって、当該表現が（侮辱的であっても）社会的評価を低下させるものではない場合には名誉毀損には当たりません。また、特定の店舗を利用した人が、その店舗について何らかの評価をする行為そのものは、表現の自由（日本国憲法21）として保護を受けるべきものです。つまり、店舗の評価に関する書き込みが名誉毀損に該当するかどうかを考える上では、人格権（名誉権）と表現の自由との調整も図る必要があるのです。判例上、一見すると名誉毀損に当たる表現であっても、以下の要件を満たすときは違法性がない、という準則が確立しています。

第10章　ＩＴ（インターネット）　　195

①　公共の利害に関する事実に係ること
②　目的が専ら公益を図るものであること
③　摘示された事実が重要な部分において真実であること又は摘示された事実が重要な部分において真実であると信ずるについて相当の理由があること

　これらは、「事実の摘示の名誉毀損に関する免責要件」と整理されます。これと区別される問題として、「意見ないし論評の表明」の場合の免責要件も、以下のとおり、判例上、確立しています（最判平9・9・9判タ955・115）。

①　公共の利害に関する事実に係ること
②　目的が専ら公益を図るものであること
③　意見ないし論評の前提となる事実が重要な部分において真実であること又は意見ないし論評の前提となる事実が重要な部分において真実であると信ずるについて相当の理由があること
④　人身攻撃に及ぶなど意見ないし論評の域を逸脱したものでないこと

3　本件相談の場合

　(1)の書き込みは、その書き込みをした人の主観的な評価ですから、そもそも名誉を毀損したといえるのか、疑問が残ります。仮に名誉毀損に該当するとしても、意見ないし論評の表明として免責される可能性があります。

　(2)の書き込みは、事実でなければ社会的評価を下げるものといえますが、事実であれば、事実の摘示として免責される可能性があります。

第3　インターネット上の取引に関する法律相談

【98】　電子契約の注意点

インターネット上で契約を締結しようと思うのですが、対面で契約する場合と違う点や気を付ける点はありますか。

相談対応の ポイント	◇電子契約では、電子契約法が適用される。 ◇BtoCの電子契約の場合は消費者の申込内容の意思確認措置を設けないと、契約が無効と判断されるリスクがある。

1　契約の可否・注意点

契約自体は契約当事者の意思の合致により成立します。これは、電子契約の場合も変わりません。

電子契約について規定した法律としては、電子消費者契約及び電子承諾通知に関する民法の特例に関する法律（以下、「電子契約法」といいます。）があります。また、経済産業省の電子商取引及び情報財取引等に関する準則（以下、「準則」といいます。）が法解釈に関するガイドラインとして重要です。

2　契約の成立時期（到達主義）

意思表示の原則規定である民法97条1項は、契約は承諾通知の到達時に成立すると規定しています。隔地者間の契約については、迅速な契約の成立という要請から、民法526条は承諾通知発信時に契約が成立すると規定しています。

電子契約の場合、通知の発信と到達のタイムラグが非常に短いのが特徴です。そのため、電子契約法4条では、電子契約では隔地者間であっても民法526条が適用されないと定めています。

3　「到達」の解釈

「到達」とは、「相手方が意思表示を了知し得べき客観的状態を生じたこと

第10章　ＩＴ（インターネット）　197

を意味する」、すなわち、意思表示が相手方の支配圏内に置かれたことをいう
と解されています（最判昭36・4・20判タ118・76、最判昭43・12・17判タ230・161）。

　「到達」の解釈については、準則に詳細な記載があります。電子メールに
よる通知の場合、通知に係る情報が受信者の使用したメールサーバー中のメ
ールボックスに読み取り可能な状態で記録された時点で到達したものと解釈
されています（準則Ⅰ－1－1）。

　通信販売等の場合、ウェブ画面を通じた申込みと承諾があります。画面上
の定型フォーマットを通じて申込通知を送信する場合等です。

　この場合、申込者側のモニター画面に承諾通知を示すデータが表示された
時点で契約が成立することとなります。

4　意思確認措置

　事業者と消費者との間（いわゆる「BtoC」）で電子契約を行う場合、映像面
において消費者の意思確認措置を講じていない場合、契約が無効と判断され
る可能性があります。これは、電子契約法3条が、BtoC契約について、消費者
の意思を確認する措置を講じた場合及び消費者自らが申込みを行う意思や申
込みの内容についての確認の機会が不要である旨の意思を表明した場合以外
は、表意者に重過失がある場合に錯誤を主張できないという民法95条ただし
書の規定が適用されないと規定しているためです。

　消費者との電子契約の場合は、特に意思確認措置をシステム上で厳格に設
けることが必要となります。

198　　　　第10章　ＩＴ（インターネット）

【99】　利用規約の契約への組込み

　ネットショッピングをしたときに、細かく書かれた利用規約をよく
読んでいませんでした。サイトの構造上、同意クリックは求められて
いませんでした。後々問題になってしまうことはありますか。

相談対応の ポイント	◇利用規約を契約条件に組み込むためには規約を明瞭 　に表示し、同意クリックを求める必要あり。 ◇難解な規約や、公序良俗に反する規定は、無効と判 　断される可能性あり。 ◇継続的契約の規約変更には変更後の規約適用に個別 　同意が必要。

1　サイト利用規約の適用への同意の要否

　ネットショッピングやソフトウェア・音楽といった情報財のダウンロード
販売（ライセンス）等のサービスで、ウェブサイト利用規約が個々の契約に
ついて法的拘束力を有するかが問題となります。

　契約当事者を拘束するには、契約の両当事者が当該規約の適用に同意して
いることが必要です。しかし、準則は「インターネットを利用した電子商取
引は今日では広く普及しており、ウェブサイトにサイト利用規約を掲載し、
これに基づき取引の申込みを行わせる取引の仕組みは、少なくともインター
ネット利用者の間では相当程度認識が広まっていると考えられる」として、
一定の場合には利用規約の適用に個別の同意の意思表示まで要しない、と解
釈しました（準則Ⅰ－2－1）。

2　利用規約を契約に組み込むための条件

　準則では、ウェブサイト利用規約を契約条件に組み込むためには、以下の
2点の両方が必要であるとの解釈を示しています（準則Ⅰ－2－1）。

①　ウェブサイト利用規約が明瞭に表示されていること

②　当該取引がサイト利用規約に従い行われていることを明瞭に告知してい

ること

　なお、この場合も公序良俗に反する規定や消費者契約法10条に反して消費者の利益を害する規定は無効となります。

3　その他の留意点

　(1)　平易な文章・読みやすい文章であること

　消費者契約法3条においては、消費者契約を明確かつ平易なものとするよう事業者に求めています。準則ではこの定めについて、利用規約自体の記載に加え、図面等の補足説明など、ウェブサイトにおける説明全体を考慮するとの解釈を示しています（準則Ⅰ－2－1）。

　(2)　継続的契約におけるウェブサイト利用規約の変更

　準則は、継続的な契約において利用規約を変更する場合、個々の顧客に対して変更箇所を分かりやすく告知した上で、変更後の利用規約に基づく取引を行うことへの同意を得ることが必要との解釈を示しています（準則Ⅰ－2－1）。

　(3)　規約が存在していたことの立証責任

　準則は、事業者側から利用規約中の特定の条項の適用を求める場合、取引合意時点で当該条項が存在していたことについて事業者側に全面的な立証責任があるとの解釈を示しています（準則Ⅰ－2－1）。利用規約の変更について顧客側に電磁的記録が残らず、変更履歴が把握できないことが理由です。事業者側は、規約を変更する場合は変更履歴を保存しておく必要があります。

4　改正民法

　改正民法で定型約款に関する規定が創設されました。

　おおむね、準則の解釈と大幅な違いはないですが、規約変更について一定の条件で個々の顧客の同意が不要とされる場合があります（改正民548の2①）。

第10章　ＩＴ（インターネット）

【100】　ネットオークションの注意点

　ネットオークションサイトで洋服を落札しましたが、送られてきた物は破れていたり、シミが付いていたりと酷いものでした。出品者に損害賠償請求をできないのでしょうか。また、ネットオークションサイト運営業者には損害賠償請求をできないのでしょうか。

相談対応の ポイント	◇出品者に対しては損害賠償請求が可能。 ◇ネットオークションサイト運営業者は、出品者との誤解を招く表示をした場合などを除き、責任を負わない。

1　出品者の責任

　(1)　原　則

　ネットオークションとは、ウェブサイトを媒体とした売買契約です。出品者が契約に従って目的物引渡債務を履行しない場合、履行請求ができます（民412）。特定物の品質・性能が契約に適合しない場合、瑕疵担保の規定による契約の解除・損害賠償請求ができます（民570・566）。

　(2)　ノークレーム・ノーリターン特約

　ノークレーム・ノーリターン特約とは、ネットオークションに出品された商品の説明欄に記載されることの多い用語です。

　民法上は、瑕疵担保責任ないし不完全履行による債務不履行責任の免責特約として位置付けられます。こうした特約も出品者が個人の場合は原則として有効です。ただし、出品者が瑕疵を認識していた場合は、民法572条により特約の適用は否定されます。

　本件相談のように、瑕疵が一見して明白な場合は、特約の適用は否定される可能性が高いと思われます。

　なお、中古自動車について、ネットオークションサイトの説明以外にも欠陥があったとして買主が訴えた裁判例（東京地判平16・4・15判時1909・55）において、走行自体に危険をもたらす損傷に限って瑕疵と認めた点も、本特約の解

第10章　ＩＴ（インターネット）　　201

釈では参考になります。

　また出品者が事業者の場合は、消費者契約法8条により特約自体が無効と判断される可能性があります。

2　ネットオークションサイト運営業者の責任

　ネットオークションサイト運営業者については、責任を負わないと判断した裁判例が多いです。

・ネットオークションサイト運営業者は利用者間に成立した売買に関与せず、利用者が全て責任を負う旨の利用規約が存在することを理由とした事例（神戸地姫路支判平17・8・9判時1929・81）

・ネットオークションサイト運営業者は売買契約交渉過程に一切関与しておらず、売買契約締結に尽力していないから民事仲立人又はそれに類似した立場ではないことを理由とした事例（名古屋高判平20・11・11（平20（ネ）424））

　一方で売主であるような誤解を招く表示をした者に対して外観法理に基づく責任が認められた判例があります（最判平7・11・30判時1557・136）。

　準則も、ネットオークションサイト運営業者自体が売主として表示された場合は、売主としての責任を負うとの解釈を示しています（準則Ⅰ－7－1）。

3　ネットオークションサイトの制度

　ネットオークションサイトの中では、未着トラブルや修理費用に一定の見舞金・補償金を支払う制度を設けている場合があります。こうした制度がある場合、より簡略に権利が実現できる可能性があります。

第10章　ＩＴ（インターネット）

【101】　仮想通貨の取引の注意点

　「絶対儲かる」と言われて仮想通貨Ａマネーを購入しましたが、購入後相場が暴落して損害が出ました。法的請求はできないですか。

相談対応の ポイント	◇特定商取引に関する法律に基づく契約解除、消費者契約法に基づく契約の取消し又は民法上の損害賠償請求を検討。

1　インターネット取引と契約の解消

　事業者がインターネットを通じて特定の商品について宣伝を行い、消費者がインターネットを通じて当該商品を購入するという形態を取る場合、当該取引には特定商取引に関する法律が適用されます。この場合、消費者は、購入時から起算して8日を経過するまでの間、契約を解除することができます（クーリング・オフ（特定商取引15の3①））。しかし、事業者がインターネット等で、クーリング・オフが利用できない旨を表示していた場合には、消費者は解除することができません（特定商取引15の3①ただし書）。そこで、この場合には、消費者契約法に基づく契約の取消しが考えられます。具体的には、事業者が特定の商品の購入を勧誘するに際し、契約の重要な事項について事実と異なることを告げて消費者に契約を締結させた場合、消費者は、当該契約の取消しを請求することができます（消費契約4）。この取消しに係る意思表示は、取消原因があることを知ってから1年以内に行う必要があるため、注意を要します（消費契約7①）。

2　インターネット取引と損害賠償請求

　契約そのものの解消以外にも、不当な勧誘により損害を被った場合、説明義務違反を理由とする損害賠償請求をすることもできます。

　仮想通貨は、資金決済に関する法律上、モノやサービスの提供への対価物と位置付けられていますが（資金決済2⑤）、実際には、仮想通貨による投資と称して、仮想通貨の先物取引も盛んに行われています。このようなケースに

おいて、投資を勧誘した者が取引の内容やリスクの程度等について十分な説明を行わず、誤信に基づいて仮想通貨を購入し、損害が生じたような場合には、購入者が勧誘者に対して損害賠償請求をすることが考えられます。

　平成29年4月1日から施行された資金決済に関する法律により、仮想通貨の売買や交換を業として行う者については、仮想通貨交換業者として内閣総理大臣の登録を要することとなりました（資金決済63の2）。今後、仮想通貨に関する取引を行う際には、事業者が仮想通貨交換業者として登録を受けているかどうかを確認することが肝心です。

3　仮想通貨と金融商品取引法

　平成30年2月現在、仮想通貨は、金融商品取引法や商品先物取引法におけるデリバティブ取引の「原資産」、「金融指標」、「商品指数」、「商品」のいずれにも該当しません。そのため、仮想通貨を利用したデリバティブ取引自体は、金融商品取引法の適用対象外となります。

　したがって、現時点においては、仮想通貨に関わる消費者被害について、民法や消費者契約法に基づく契約の解消や損害賠償請求により対応をすることになります。

4　まとめ

(1)　「絶対儲かる」と言われて仮想通貨の取引を行ってしまった場合、契約の解消や損害賠償請求ができるかを検討します。

(2)　仮想通貨の取引を行う場合には、当該事業者が内閣総理大臣の登録を受けている事業者かどうかを確認します。

第10章　ＩＴ（インターネット）

第4　インターネット上の犯罪行為に関する法律相談

【102】　私事性的画像記録の提供等による被害の防止に関する法律

　交際相手に振られてしまった腹いせに、交際当時撮影した交際相手の裸体の画像をインターネット上の掲示板にアップロードしてしまいました。私が何らかの責任を問われることはありますか。

相談対応のポイント	◇私事性的画像記録の提供等による被害の防止に関する法律違反として刑事責任を問われる可能性。

1　私事性的画像記録の定義

　私事性的画像記録の提供等による被害の防止に関する法律（以下、「私事性的画像法」といいます。）において公表等が禁止される対象は、私事性的画像法2条に定義される「私事性的画像記録」です。この定義は次のとおりとなります。

① 次の②から④に該当する電磁的記録で、撮影対象者が公表されることを認識し、任意に撮影を承諾したもの、公表を前提に撮影したものを除くもの（私事性的画像法2①柱書）

② 性交それ自体や性交類似行為等（私事性的画像法2①一）

③ 他人が性器等に触れる行為等（私事性的画像法2①二）

④ 全裸や下着姿等（私事性的画像法2①三）

2　私事性的画像法の構成要件等

　私事性的画像法において刑事罰の対象となる行為は以下の行為です（私事性的画像法3）。

① 公表罪（私事性的画像法3①②）

　撮影対象者を特定することができる方法で、私事性的画像記録をアップロードする行為

② 公表目的提供罪（私事性的画像法3③）

前記①の行為をさせる目的で私事性的画像記録を提供する行為

（1） 保護法益

私事性的画像法3条の保護法益は、撮影対象者の性的プライバシーです。

（2） 要　件

「撮影対象者を特定することができる方法」とは、撮影対象者の顔や背景等から特定できる場合の他、公表に付した文言や公表された場所から特定できる場合も含まれます。この点について、私事性的画像法を初めて適用した裁判例である横浜地裁平成27年6月12日判決（平27（わ）424、裁判所ウェブサイト）では、被害者の裸体等の写真とともに被害者の氏名が記載された「合格通知書」を一緒にアップロードした点について指摘しています。

（3） 行為主体

公表罪の主体は特に限定されておらず、撮影者も、撮影者から画像等を譲り受けた者も同罪の行為主体となり得ます。

（4） その他

本法はリベンジポルノ防止法と言われていますが、公表や公表目的の提供がいやがらせ目的であるというような主観的要素は要求されていないので注意が必要です。

206　　　　　第10章　ＩＴ（インターネット）

【103】　不正アクセス禁止法

　好きな女の子の情報が欲しくて、ウェブ上のクラウドサービスにその子の生年月日を組み合わせたパスワードを入力したところ、クラウドサービス上に保存されていた女の子のプライベートな画像を見て、保存できてしまいました。この行為は問題になりますか。

相談対応の ポイント	◇他人のアカウントに承諾なくアクセスする行為は、不正アクセス禁止法に違反し、刑事責任を問われる可能性あり。 ◇写真へのアクセス行為、保存行為は、不法行為として損害賠償を請求される可能性あり。

1　刑事責任

　他人のアカウントにアカウント管理権者の承諾なくアクセスする行為は、不正アクセス行為の禁止等に関する法律（以下、「不正アクセス禁止法」といいます。）2条4項1号に違反し、3年以下の懲役又は100万円以下の罰金刑に処される可能性があります（不正アクセス禁止法11）。

2　民事上の責任

（1）　不法行為責任

　前記の不正アクセス禁止法に違反する行為は、民事上は不法行為を構成すると考えられます。

　オンラインゲームの運営会社の従業員が、ゲームサーバーへの不正なアクセスにより、自己のアカウントのゲーム内の仮想通貨の保有量を増やした上で、ゲームアカウントの売買業者に売却した行為について、不法行為に該当するとして、運営会社に生じた330万円の損害に対する賠償請求を認容した事例があります（東京地判平19・10・23判時2008・109）。

（2）　損　害

　不貞行為や交通事故など、事例が集積している比較的定型的な不法行為と

異なり、こうした不正アクセスに関する損害の算定は事例が十分には蓄積していません。

前記裁判例も、信用の毀損等を理由に、7,486万2,700円の損害賠償を請求していましたが、一部しか損害として認容されませんでした。

本件相談では、画像データ自体の経済的価値の有無、被写体の服装・内容、保存したデータを現在も保有しているか否か等によって、認定内容は大幅に変動し得ると考えられます。

(3) 過失相殺

不正アクセスの不法行為においては、パスワードの内容・管理方法によっては、被害者側にも過失があったとして、過失相殺が問題となり得ます。

前記裁判例は、施錠されていない上司の机に保管されていたパスワードを見た事案ですが、従業員側は、会社全体におけるパスワードの管理体制が杜撰であったとして、過失相殺を主張していました。

裁判所は「不法行為の様態に鑑みると、それらの事情を被告との関係で、損害を相殺すべき原告の過失ということはできない。」として、従業員側の過失相殺の主張を認めませんでした。

前記裁判例からすると、本件相談でも過失相殺が認められる可能性は比較的低いと考えられます。

第11章　税　務

第1　不動産売買に関する法律・税務相談

【104】　個人の土地・建物の売買

個人の土地・建物の売却時の所得税の課税関係を教えてください。

相談対応の ポイント	◇個人が資産を売却する際は譲渡所得税が課税される（各種の特例に注意）。

個人が土地・建物を売却した場合の譲渡所得税の概要は次のとおりです。

1　譲渡所得課税

　所得税は、給与所得や不動産所得など各種所得金額を合計し総所得金額を求め、税額を計算する総合課税が原則です。しかし、不動産の売却で生じる譲渡所得については、後記のとおり算出し、個別に税額を計算する分離課税方式が採用されています。

> 税額＝課税譲渡所得×税率（所得税・住民税）

2　譲渡所得

> 譲渡所得＝譲渡収入金額－（取得費＋譲渡費用）

　「譲渡収入金額」には、土地・建物の譲渡代金、固定資産税・都市計画税の精算金が含まれます。「取得費」は、その資産の取得金額（ただし、建物の場合は償却費の額を控除した金額）、設備費、改良費の合計額をいいます（所税38）。例外的に、資産が昭和27年12月31日以前に取得したものであるときは、昭和28年1月1日現在の価額とします（所税61②〜④）が、土地・建物については、譲渡収入金額の100分の5を概算取得費とします（租特31の4①）。資産取得の日は、資産の引渡日であり（所基通33−9(3)）、贈与・相続・遺贈により取得したときは、原則、贈与者・被相続人の取得日と取得価額を承継します（所税60、所基通60−1）（ただし、相続財産譲渡の場合の取得費の特例の場合（租特

第11章　税　務　209

39)、低額譲渡の場合（所税60①二）や交換・買換え等により取得した資産の場合（租特令20等）も、譲渡人の取得日、取得費・取得価額を承継します。）。「譲渡費用」には、固定資産取得時の使用開始前の借入金利息（所基通38−8、最判平4・9・10訟月39・5・957）、登記費用、仲介手数料、測量費、広告費、鑑定料、契約書作成費用、印紙税、立退交渉の弁護士費用、建物取壊費用（更地引渡しを契約書に明記のこと）が含まれます。

3　課税譲渡所得

課税譲渡所得＝譲渡所得−特別控除

譲渡益が出た場合、①居住用資産の3,000万円特別控除の特例（租特35）、②10年超所有軽減税率の特例（租特31の3）、③特定居住用財産の買換え特例（租特36の2）などを用いて、課税額の圧縮ができます。譲渡損が出た場合、①居住用財産の買換え等の場合の譲渡損失の損益通算及び繰越控除（租特41の5）、②特定居住用財産の譲渡損失の損益通算及び繰越控除（租特41の5の2）を用い、現在及び将来の課税額の圧縮ができます。

4　税　額

税率は、売買対象となる不動産の用途や所有期間により異なります。譲渡した年の1月1日現在で、所有期間が5年以下の短期譲渡所得については、居住用・非居住用とも、税率が39.63%（所得税30.63%、住民税9%、復興特別所得税を含みます。）ですが、5年を超える長期譲渡所得については、5年超で10年以下の居住用と非居住用とも、20.315%（所得税15.315%、住民税5%、復興特別所得税を含みます。）となり軽減されています。10年を超える居住用の場合には、課税譲渡所得6,000万円以下の部分のみ、14.21%（所得税10.21%、住民税4%）とさらに軽減されています（租特31・31の3・32、地税34①④・34の3①③・35①⑤、復興財確法13）。

第11章 税　務

【105】　法人の土地・建物の売買

法人の土地・建物譲渡時の法人税の課税関係を教えてください。

相談対応の ポイント	◇法人が土地・建物を譲渡して課税所得が発生した場合は法人税が課税される。

法人が土地・建物を譲渡したときの法人税の課税関係の概要は次のとおりです。

1　法人税額の計算

法人税額は、次のとおり算出されます。

> 法人税額＝課税所得金額×法人税率－特別控除額＋特別税額
　　　　　－仮装経理に基づく控除額－税額控除

2　法人の課税所得金額

法人の課税所得金額は、概ね次のとおり算出されます。

> 課税所得金額＝確定決算に基づく当期純利益＋損金不算入項目
　　　　　　　－損金算入項目－益金不算入項目＋益金算入項目

3　譲渡収益の計上時期

土地・建物の譲渡による収益は、その実現があったとき、その収入すべき権利が確定したときの属する年度の益金に計上すべき（最判平5・11・25民集47・9・5278）とされ、原則、引渡しの日の属する年度が基準とされます。引渡しの日が明らかでない場合には、①代金の50％以上を収受するに至った日か②所有権移転登記に必要な書類を買主に交付した日のいずれか早い日を引渡し日とすることができます（法基通2−1−1・2−1−2・2−1−14（注））。なお、農地の場合（所基通36−12）、延払条件付譲渡の場合（所税132）は特例があります。

第11章　税　務　　　211

4　時価を下回る価額での売買とグループ法人税制

　法人が、資産を時価よりも低い金額（低額）で譲渡した場合、譲渡人である法人において、時価で資産を譲渡したものとして益金となり（法税22②、最判平7・12・19民集49・10・3121）、法人が資産を低額で譲り受けた場合には、資産の時価相当額と対価との差額が益金となります。ただし、親会社と100％子会社、兄弟会社相互間などグループ法人税制の適用がある当事者間での譲渡損益調整資産の移転を行ったことにより生ずる譲渡損益は、その資産のグループ外への移転まで、譲渡益の益金算入、譲渡損失の損金算入が繰り延べられます（法税61の13）。

5　不動産の取得価額に算入する費用

　資産の購入の代価とその資産を事業の用（棚卸資産の場合には、販売の用）に供するために直接要した費用の合計額となります（法税令32①一・54①一）。土地の整備費（法基通7-3-4）、立退料（法基通7-3-5）、近隣対策費（法基通7-3-7）、建物等除却損（法基通7-3-6）等が含まれます。不動産取得税、登録免許税、減価償却資産取得のための借入金利子（使用開始までの分）は、取得価額不加算も選択可能です（法基通7-3-3の2）。

6　取得日及び取得価額の引継ぎ

　法人が土地・建物を交換等一定の方法により取得した場合には、取得日及び取得価額が引き継がれることとなります。具体的には、①適格合併等により受け入れたか、②法人税法上の交換の特例（固定資産のみ）（法税50）、③収用・換地処分の場合の圧縮記帳の特例（租特64～65）、④特定資産の買換え等の圧縮記帳の特例（固定資産のみ）（租特65の7～65の9）の適用を受けた土地・建物については、定めがあります。

7　土地・建物の価額の区分表示

　土地・建物を併せて売却する場合、建物の減価償却費の計算及び消費税の計算上の支障が生じないよう、土地（非減価償却資産、対価に消費税非課税）、建物（減価償却資産、対価に消費税課税）の金額が区別され、適正に記載されていることが望ましいといえます。

第2　不動産賃貸に関する法律・税務相談

【106】　土地の賃貸借

借地契約締結時の権利金等の課税関係を教えてください。

相談対応の ポイント	◇個人の収受する権利金等は不動産所得として課税される場合あり。 ◇法人が収受する権利金は法人税が課税される。

1　不動産所得課税・法人税課税

個人の収受する地代・更新料・借地権譲渡承諾料等は、返還を予定する敷金・保証金と異なり、不動産所得となります。ただし、特に一時的に多額の所得となる場合には（「臨時所得」）、超過累進課税との関係での税負担を考慮して、平均課税制度の選択が可能です（所税90）。

法人が収受する場合は、原則として、益金に算入されます。

2　借地権の設定と所得税

(1)　個人間の借地権設定に関し、権利金の授受があった場合

ア　地主側の課税関係

原則、権利金は不動産貸付による収入であり、不動産所得とされます（所税26①）。ただし、借地人から受領する権利金等が更地価格の2分の1を超える場合には、分離課税により税率が軽減され、受領した権利金は譲渡所得とされます（所税33①、所税令79①、無利息保証金の収受による譲渡所得課税回避の防止策につき、所税令80）。この場合の譲渡所得にかかる取得費は、土地の取得費を基礎に算定します（所税令79・174、所基通38−4）。また、事業所得（所税33②一、所税令81①）とされる場合もあります。

イ　借地人側の課税関係

支払った権利金等は借地権の取得価額となります。ただし、権利金等は、賃借期間で除した額を毎年の必要経費に算入することはできません。

第11章　税　務　213

(2)　個人間の借地権設定に関し、権利金の授受がない場合

　　ア　地主側の課税関係

　地主には、権利金等相当額の収入について、譲渡所得の対象となる資産譲渡・資産移転にも該当しないため、認定課税は行われません。

　　イ　借地人側の課税関係

　借地人には、権利金等相当額、相当額と支払額の差額に関する贈与税課税（個人から個人の場合。「相当の地代」が支払われた場合は例外（相税9））、一時所得、給与所得課税（法人から個人の場合（所税34①・28①））が行われます。

　　ウ　定期借地権の場合

　定期借地権の場合、定期借地契約終了後に借地人の未払地代等を控除した残額が返還される保証金の授受がある場合が多いです。ただし、保証金の授受は寄託であり、原則として、課税されません。

3　借地権の設定と法人税

(1)　通常収受すべき権利金の授受があった場合

　　ア　地主である法人の課税関係

　収受した権利金を益金に算入します。借地権設定後の土地価格（底地価格）が、更地価格の10分の5以上となる場合、算出した一定の金額を損金に算入可能です（法税令138①）。

　　イ　借地人である法人の課税関係

　支払った権利金等は、借地権の取得価格となり、損金に算入されず、繰延資産の償却も認められません。

(2)　通常収受すべき権利金の授受がない場合

　　ア　地主である法人の課税関係

　通常収受すべき権利金相当額から現実に得た権利金等の額を控除した金額を借地人に贈与したとみなし、寄付金課税が行われます（法税22②、法基通13－1－3）。

　　イ　借地人である法人の課税関係

　受贈益課税が行われます（法税22②）。相当の地代の支払がある場合（法基通13－1－2等）や、無償返還届出書を提出した場合（法基通13－1－7・13－1－14）、認定課税は行われません。

第3 会社関係の法律・税務相談

【107】 株式の譲渡、配当、相続

株式の譲渡、配当、相続に関する課税関係を教えてください。

相談対応の ポイント	◇個人株主の株式譲渡には特例あり。

1 株式の譲渡に関する課税関係

法人株主が上場株式を譲渡した場合、譲渡益は、課税されます（法税61の2①・22②）。これに対し、個人株主が上場株式を譲渡した場合、譲渡価額から取得費・委託手数料等の必要経費を除したものが譲渡益となり、原則、税率20%（所得税15%、住民税5%。復興特別所得税を除きます。）で申告分離課税の対象となります（租特37の11、地税71の28）。個人株主のみ、例外的に、①特定口座内の上場株式の取引につき、金融商品取引業者が年間の譲渡損益を計算して納税する制度があり、そのうち源泉徴収口座を選択した場合、譲渡の都度、所得税等が業者からの支払時に源泉徴収され、確定申告は不要です（租特37の11の3・37の11の4）。ただし、他口座の上場株式譲渡損益との相殺、配当所得との損益通算、上場株式譲渡損失の3年繰越控除の特例の利用の場合、確定申告が必要です。また、②少額投資非課税制度（NISA）を利用した場合、平成26年から平成35年までの間、毎年投資金額120万円を上限とし（通算600万円が上限）、最長5年間非課税となります（租特37の14）。なお、上場株式を、時価よりも高額に譲渡した場合、譲渡所得とみなされる部分以外は、一時所得か雑所得と区分され（最決昭47・12・26民集26・10・2013）課税されますが、時価よりも低額に譲渡した場合で時価の2分の1に満たない場合、時価譲渡とみなされて課税されます（所税59①二、所税令169）。非上場株式の譲渡の課税も、上場株式のみに適用される制度を除くほか、ほぼ共通の取扱いです。

第11章　税　務　　215

2　株式の配当に関する課税関係

　法人税法では、剰余金の配当等につき、配当の原資が利益なのか、資本の払戻しかで課税関係が異なり、「その他利益剰余金」が原資の剰余金の配当は、利益積立金の減額要素となり、受取人が個人の場合、配当所得課税（所税24①）、法人の場合、受取配当金の益金不算入制度（法税23①）の対象です。「その他資本剰余金」が原資の（及び非適格分割型分割による）剰余金の配当は、資本金の額と利益積立金額の減算要素となり、個人・法人とも、みなし配当課税（所税25①、法税24①）の対象です。これに対し、現物配当は、無償による資産の譲渡に該当し、当該資産の時価と帳簿価格の差額が課税対象です（法税22②）が、現物分配法人と被現物分配法人の間に完全支配関係が認められる適格現物分配に限り、現物分配法人の資産の譲渡損益課税は繰り延べられ、被現物分配法人の差益は益金不算入となります（法税62の5③④）。

3　株式の相続における課税関係

　相続税法上、上場株式は、相続日あるいは贈与日の、①終値、②当月の終値の月平均額、③前月終値の月平均額、④前々月の終値の月平均額のうちいずれか低い金額を評価額とします（評基通169）。

　気配相場等のある株式のうち、「登録銘柄・店頭管理銘柄」は、上場株式同様、「公開途上にある株式」は公開価格（評基通174）で評価します。

　取引相場のない株式は、相続や贈与などで株式を取得した株主が、発行した会社の経営支配力を持っている同族株主等か、それ以外の株主かの区分で、適用される評価方法が異なります。①経営支配力を持っている同族株主や、議決権割合が一定以上の株主の場合、原則的評価方式（評基通179）を適用し、対象会社を、大・中・小会社に区分し、類似業種比準方式（評基通180）と純資産価額方式（評基通185）、これらの併用方式で評価します。②それ以外の場合、特例的な評価方式として配当還元方式（評基通188－2）を適用して、評価します。

216　　　　　　　　第11章　税　務

【108】　会社の取引関係（欠損金）

当社の法人税法上の欠損金の活用方法を教えてください。

| 相談対応の
ポイント | ◇欠損金の繰越し・繰戻しは課税所得の圧縮のために
活用できる。 |

1　法人税法上の欠損金の定義

法人税法上の欠損金とは、各事業年度の所得の金額の計算上、当該事業年度の損金の額が当該事業年度の益金の額を超える場合におけるその超える部分をいいます（法税2十九）。

2　欠損金の繰越控除

(1)　法人の事業年度は、元来、事業成果を期間損益の形で算定するために人為的に設けられた期間ですから、企業の成果を長期的に測定するため、ある年度に生じた欠損金は、その前後の事業年度の利益と通算するのが適当です。この観点から以下の制度が設けられています。

(2)　欠損金を、その発生年度以降の事業年度の所得と通算する場合、欠損金の繰越しといい、発生年度以前の事業年度の所得と通算する場合、欠損金の繰戻しといいます。

　　ア　欠損金の繰越し

繰越欠損金には、いくつかの種類があります（法税57以下）。種類によって、損金算入できる範囲及び条件が異なります。

①　青色申告書を提出した事業年度の繰越欠損金

　　繰越欠損金の基本的制度で、ある事業年度の所得が0になるまでの範囲で、その事業年度開始の日前10年以内に開始した事業年度に発生した欠損金額を損金として計上できるというものです（法税57）。

②　災害による損失金の繰越欠損金

　　欠損金の発生した事業年度に青色申告を行っていなかった場合でも、棚卸資産・固定資産等についての災害による損失に係る損金額については、

例外的に繰越しが認められます（法税58）。

③　組織再編における繰越欠損金

　適格合併等の場合に、合併法人等が、合併等の日前10年以内に開始した年度に発生した被合併法人等の未処理欠損金を引き継ぐことができます（法税57②）。ただし、一定以上に密接な資本関係のある法人同士の合併については、引継ぎの範囲に制約があります（法税57③④）。

④　再生型倒産等における繰越欠損金

　再生型倒産手続又はこれに類する手続の過程にある企業には、期限切れで繰越しができない欠損金の一部につき、損金算入が認められます（法税59①②）。なお、法人の解散・清算過程で、残余財産がないと見込まれる場合、期限切れで繰越不可となった欠損金の損金算入が認められます（法税59③）。

　イ　欠損金の繰戻し

　繰戻欠損金の適用の要件は、①還付所得事業年度以降の各年度において青色申告を行っていたこと、②欠損金発生年度について提出期限までに青色申告を行うこと、③申告と同時に還付金請求を行うこと、④中小法人であること、となります（法税80①③）。

218　　　　　　　　第11章　税　　務

第4　損害賠償等に関する法律・税務相談

【109】　損害賠償

損害賠償に関する課税関係を教えてください。

相談対応の ポイント	◇被害者が個人の場合は所得税、被害者が法人の場合は法人税となる。

1　所得税法上の課税関係

（1）　被害者が個人のとき

どの所得に関する損害か、で取扱いが分かれます。第1に、その棚卸資産、棚卸資産に準ずる資産が盗難、災害、横領などによって損害を受けたとき、各所得の計算上必要経費に算入されます（所税37①②・47、所税令104一）が、損害分につき賠償を受けたときあるいは損害保険金を受領したとき、各所得の計算上総収入金額に算入されます（所税令94①一）。棚卸資産以外の場合も同様です（所税51①、所税令94①二）。

第2に、所得と関係がない損害の場合、非課税となります（非課税の範囲は、所税9①十七、所税令30）。

第3に、雑損控除として、納税者又は当該納税者と生計を一にする配偶者その他の親族でその年分の総所得金額が38万円以下であるものが有する資産について、災害、盗難、横領による損失を生じた場合等に、その損失又は支出の一部を納税者の総所得金額等から控除できます（所税72・86、所税令205）。

（2）　加害者が個人のとき

課税上の所得に関する損害賠償であるか否かを問いません。家事上の経費及び家事関連費に相当する損害賠償金と、不動産所得等に関連して故意又は重過失によって他人の権利を侵害したことにより支払う損害賠償金その他、慰謝料、示談金、見舞金等の名目のいかんを問わず、他人に与えた損害を填補するために支出する一切の費用は、必要経費に算入不能です（所税45①七、所税令98、所基通45－7）。納税者本人の故意又は重過失の有無は、必要経費性の

第11章　税　務　219

判断において重要です（使用人の行為に関する雇用主としての損害賠償負担につき、所基通45-6）。

2　法人税法上の課税関係

(1)　法人が被害者のとき

保険金又は共済金により填補される部分の金額を除き、損害の発生した日の属する事業年度の損金に算入できます（法基通2-1-43（注））。法人が損害賠償権を取得したときは、益金算入が可能で、時期は発生主義に則り、その支払を受けるべきことが確定した事業年度ですが、実際に支払を受けた事業年度でも認められます（法基通2-1-43）。例外的に、法人が内部の者である役員又は使用人から損害賠償金の支払を受ける場合は、個々の事案の実態に基づき処理されます。法人の固定資産の滅失又は損壊により、損害保険金で代替資産を取得し、修理、改良した場合、資産につき圧縮記帳・課税繰延が認められます（法税47）。

(2)　法人の役員又は使用人がした行為等により他人に与えた損害につき法人が損害賠償金を支出したとき

①その損害賠償金の対象となった行為等が法人の業務の遂行に関連するもので、かつ、故意又は重過失に基づかない場合、その支出した損害賠償金の額は給与以外の損金に算入されます。②その損害賠償金の対象となった行為等が、法人の業務の遂行に関連するが故意又は重過失に基づく場合又は法人の業務の遂行に関連しない場合、損害賠償金は当該役員又は使用人への債権とし、求償できないとき貸倒処理を認めます（法基通9-7-16）。損金算入時期は、原則、支払額確定時で、事業年度の終了の日までに未確定でも、同日までにその額として相手方に申し出た金額に相当する金額を当該事業年度の未払金に計上したときは損金に算入することが認められています（法基通2-2-13）。

220　　　　　　　　　第11章　税　務

【110】　相続・遺贈

相続税法上の相続財産・相続債務の範囲と評価を教えてください。

相談対応の ポイント	◇相続税法における相続財産・相続債務の範囲には民法と異なる定めがある。

1　相続税法上の相続財産の範囲と評価

(1)　相続財産の範囲

相続税法上の課税対象財産（非課税財産は相税12）は、相続又は遺贈により取得した財産（相税11の2）であり、民法上の相続財産より広く、①相続又は遺贈により取得したとみなす財産（相税3・7〜9）や、②相続開始前3年以内に相続人に贈与した財産（相税19）を含みます（ただし、この贈与に既に贈与税が課せられている場合を除きます。）。

①の例として、生命保険金があり、保険料の負担者が被相続人であり、保険金受取人が相続人である場合は、相続税、保険金受取人が第三者である場合は、遺贈として課税されます（一定の額は非課税（相税12①五））。死亡退職金は、被相続人の死亡後3年以内に支給が確定した退職金の支払を受けたときはみなし相続財産となります（相税3①二。ただし、500万円に法定相続人の数を乗じて算出した額までは非課税、相税12①六）。また、他の例として、個人が、遺言によって低額譲渡等により経済的利益を受けた場合、遺言によって債務免除等（相税8）や、その他の利益の享受（相税9）により経済的利益を受けた場合も、利益の価格に相当する金額を遺贈で取得したものとみなされ、課税されます。また、相続財産の判定は、被相続人の名義かにかかわらず、実質的な所有者が被相続人かで判断し、例えば、相続人の名義で、被相続人が銀行口座を開設し、金員を預金した上、自身で口座を管理していたような場合には、名義預金として、被相続人の財産とされます。

(2)　相続財産の評価

相続又は遺贈により取得した財産の価額は、特別の定めのあるもの（地上権、永小作権、定期金、生命保険、立木、小規模宅地等）を除き、相続時に

第11章　税　務　　221

おける時価によります（相税22、評基通1(2)）。時価については、実務上、財産評価基本通達に定める方法により決定される場合が多いといえます。

2　相続債務の控除の範囲

相続人又は包括受遺者のうち無制限納税義務者である者は、被相続人の債務で相続開始の際に現に存するものを、相続税の課税価格から控除します（相税13①）。

公租公課も控除できますが、相続人の責めに帰すべき事由により納付・徴収されることになった延滞税・利子税・加算税を含みません（相税14②、相税令3①）。相続債務は確実なものに限られ（相税14①）、係争中の債務については、確実と認められる額のみが控除でき（相基通14-1）、消滅時効にかかった債務（相基通14-4）は控除できず、保証債務も代位弁済後の求償権の行使が可能なので原則として控除できません（主たる債務者に弁済能力がない場合に例外的に控除できることにつき、相基通14-3(1)）。連帯債務はその負担部分に限ります（例外的な控除につき、相基通14-3(2)）。相続開始後の相続財産に係る固定資産税などの相続費用は、被相続人の生前の債務ではないので控除できません。また、相続人でない特定受遺者、相続放棄、欠格・廃除者は原則、相続債務の控除ができません。相続債務の控除額は、共同相続人間で負担割合、負担額を協議して確定させますが、相続税申告時に未確定の場合、各々が法定相続分又は包括遺贈の割合に応じて負担するものとして控除する債務の金額を決めて計算します。

第11章　税　務

【111】　離婚・財産分与

離婚に伴い、結婚前から私が相続して保有している財産はともかく、2人で築いた財産のうち、自宅土地建物の私の持分は妻に財産分与する予定です。課税関係を教えてください。自宅につき、金融機関からの連帯債務による借入れが残っているのですが、財産分与に伴い連帯債務はどうなるのでしょうか。

相談対応の ポイント	◇財産分与の給付者が、離婚給付を金銭や金銭債権で行う場合は給付者に対する課税関係は生じない。 ◇金銭以外の資産により行う場合は譲渡所得課税が発生する場合あり。

1　給付者に対する課税関係

(1)　原則的な課税関係

離婚給付を金銭や金銭債権で行う場合は給付者に対する課税関係は生じません。金銭以外の資産により行う場合は、「資産の譲渡」（所税33①）に該当します。この場合、分与時の時価を譲渡収入金額とし、取得費（減価償却資産に関しては、減価償却費合計額を控除した額）及び譲渡費用を控除して譲渡益が出た場合、譲渡所得が生じます。なお、仮に給付不動産が、夫の単独名義となっていても、実質が夫婦の共有財産であれば、夫の有していた持分のみが譲渡所得の対象となる資産の移転となりますので、夫婦共有財産であるか否かについての検討が課税関係を判断する上で重要です。

(2)　居住用不動産の分与の場合の課税上の優遇措置

例外的に、婚姻期間が20年以上で（婚姻届日から贈与の日まで）、離婚前に居住用財産を贈与したとき、受贈者が、居住用に利用する場合に限り、贈与税の配偶者控除の特例適用があります（控除額は最高2,000万円（相税21の6））。

また、離婚後に、給付者が居住していた土地建物を財産分与する場合にも、譲渡所得の特別控除の適用が受けられるほか（租特35）、軽減税率の適用も受けられます（租特31の3①）。もっとも、夫の単独名義だった場合に妻との共有

名義にする場合や、夫の持分の一部譲渡に過ぎない場合には、控除が受けられない場合もあります。

2　給付を受けた者への課税関係

(1)　原則的な課税関係

原則として、離婚給付を受けた側には贈与税等の課税関係は生じません。財産分与は、夫婦が本来持っていた財産の清算であり、新たに財産を得る場面ではない上、慰謝料についても損害賠償金とされるためです（所税9①十七、所税令30）。

(2)　例外的に贈与税が課税される場合

給付額が過当と認められる場合や、離婚を手段に贈与税や相続税の税金逃れを目的としているとされる場合には、贈与があったものとされて課税されます（相基通9-8ただし書）。

3　連帯債務の処理

債務は、マイナスの財産として財産分与の対象にはなります。しかし、対債権者との関係では債務者、保証人はそのまま義務を負い、金融機関に対する債務が2分の1になるということはありません。妻に自分の持分を給付しても引き続き債務者としての責任は負うことになるのが一般的です。財産分与の際に当該不動産の価値、ローン残金等を確認し、住宅ローンの支払方法なども離婚時に合意で決めることが大切です。

224　第11章　税　務

【112】　遺留分減殺請求と経営承継円滑化法

遺留分減殺請求に関する課税関係を教えてください。また、経営承継円滑化法の手続を利用した場合の課税関係も教えてください。

相談対応のポイント	◇遺留分義務者は遺留分権利者に返還又は価格弁償をすべき額が確定した場合、相続税の還付を受けることができる。 ◇遺留分権利者は、取得した遺留分に係る相続税を納める。 ◇経営承継円滑化法は、民法の特例。

1　遺留分減殺請求に関する課税関係

遺留分減殺請求 (民1031) により、遺留分義務者において、遺留分権利者に返還又は価格弁償をすべき額が確定した場合 (相税32①三)、更正請求を行い相続税の還付を受けることができます。

遺留分権利者においては、相続税の期限後申告か修正申告を行い、取得した遺留分に係る相続税を納めることになります。

修正申告等をなさずに当事者の合意で相続税相当額の精算を行うこともあります。

2　経営承継円滑化法と遺留分減殺請求

(1)　遺留分減殺請求と事業承継

遺留分減殺請求がされると、株式分散などが生じ、円滑な事業承継が害されることがあります。

遺留分を事前に放棄する制度もありますが (民1043)、裁判所の許可が必要であり株式分散防止の対策としては利用しにくいものです。

(2)　経営承継円滑化法による特例

そこで、経営承継円滑化法は、「遺留分に関する民法の特例」(以下「民法特例」といいます。) を定め、遺留分減殺請求と円滑な事業承継との調整を図

りました（経営承継円滑化法3〜11）。すなわち、民法特例では、以下の要件を満たした上、推定相続人全員の合意を得て、経済産業大臣の確認及び家庭裁判所の許可を受けた場合、経営者から後継者に贈与等された自社株式について、①遺留分算定基礎財産から除外（除外合意）、②遺留分算定基礎財産に算入する価格を合意時の時価に固定（固定合意）、若しくは①、②の組合せによる対応を行うことができます。

⑦　会　社
　ⓐ　中小企業者であること
　ⓑ　合意時点において3年以上継続して事業を行っている非上場企業であること（経営承継円滑化規2）
④　現経営者
　ⓐ　過去又は合意時点において会社の代表者であること
　※現経営者は法律上「旧代表者」
⑨　後継者
　ⓐ　合意時点において会社の代表者であること
　ⓑ　現経営者からの贈与等により株式を取得したことにより、会社の議決権の過半数を保有していること
　※推定相続人以外の方も対象となります（平成28年4月1日以降に合意したものに限ります。）。

　①による場合には、相続に伴い自社株式が分散するのを防止できますし、②による場合には、合意後、自社株式の価格が上昇しても、合意時の価額での遺留分主張のみとなり、想定外の遺留分減殺請求はされなくなります。

　民法特例を利用した場合の課税関係は、1の原則どおりであり、事業承継後の税負担を事前に確定することが可能となります。

226　　第11章　税　務

【113】　取引先の倒産・再生、子会社の特別清算

　当社の取引先の法人につき、破産、民事再生、会社更生、任意整理が開始した場合の、当社債権に対する課税関係を教えてください。また、子会社の特別清算に関する課税関係を教えてください。

相談対応の ポイント	◇取引先に破産、民事再生、会社更生手続開始、特別清算の申立てがあった場合は当該個別の債権の50%相当額につき貸倒引当金への繰入可能。 ◇その後手続ごとに、所定の時期に貸倒損失への計上可能。

1　取引先の法人の破産、民事再生、会社更生に関する債権者の税務

　破産、民事再生、会社更生手続開始の申立てがあった場合、当該個別の債権（算定方法は、法基通11−2−5・11−2−7・11−2−9）の50%相当額につき貸倒引当金への繰入れができます（法税52①、法税令96①三）。

　その後、破産手続廃止決定や破産手続終結決定があった場合、その決定による回収不能額を、その決定のあった日の属する事業年度の貸倒損失に計上します。破産手続廃止決定や破産手続終結決定による法人の消滅時に、債権も法的に消滅し貸倒損失として損金算入されます（法基通9−6−2、平成20年6月26日裁決、裁決事例集№75　314頁）。

　これに対し、民事再生法に基づく再生計画若しくは会社更生法に基づく更生計画の認可決定があった場合、弁済金額のうち5年を超えて弁済される額は、個別評価貸倒引当金に計上可能です（法税52①、法税令96①一）。他方、切捨額は、その事実が発生した日の属する事業年度の貸倒損失に計上します（法基通9−6−1）。

2　取引先の任意整理に関する債権者の税務

　任意整理の申立てがあった場合、形式基準による50%相当額の貸倒引当金繰入れができません。ただ、取引先の債務超過の状態が相当期間（おおむね

第11章　税　務　　227

1年以上）継続すると回収不能見込額により、「個別評価金銭債権に係る貸倒引当金（債務超過状態の継続等による一部回収不能額）」の繰入れが認められます（法税令96①二、法基通11－2－6）。その上で、合理的な基準により債務者の負債整理を定めた債権者集会の協議、又はこれに準ずる内容を定めた行政機関又は金融機関その他の第三者のあっせんによる当事者間の協議により締結された契約による切捨額を、その事実が発生した日の属する事業年度の貸倒損失に計上できます（法基通9－6－1(3)）。また、債務超過先に対する一定の場合の債務免除通知額（法基通9－6－1(4)）、全額が回収不能となった場合のその全額（法基通9－6－2）、取引停止後1年以上経過した場合の売掛金等（法基通9－6－3）につき、貸倒損失計上が可能です。

3　子会社の特別清算に関する債権者の税務

特別清算は、清算中の株式会社のみで可能で、従前の清算人が清算事務を遂行し、債権者の多数決による協定等に基づき弁済が行われます。債権者である親会社の税務対策や事業再生に利用されます。特別清算の申立て後、1同様、当該債権の50％相当額の貸倒引当金繰入れが可能で、協定認可決定確定時は、全債権者を拘束し、債権額は減額されますので、切捨額を、認可のあった事業年度の損金に算入できます（法基通9－6－1(2)）。特別清算に関する切捨額は、寄附金に当たるとして損金算入を制限される可能性があり、損金算入には、法人がその子会社等の解散、経営権の譲渡等に伴い当該子会社等のために債務の引受けその他の損失負担又は債権放棄等（以下「損失負担等」といいます。）をした場合、その損失負担等がなければ、より大きな損失（連鎖倒産の危険など）を被るのが社会通念上明らかで、やむを得ずその損失負担等をするに至った等の理由が必要です（法基通9－4－1、国税庁タックスアンサーNo. 5280　Q2－2参照）。

228　　　第12章　刑　事

第1　捜査段階における刑事弁護に関する法律相談

【114】　刑事手続の流れ

今日、痴漢をしたという容疑で逮捕されてしまいました。いったい私はこれからどうなるのでしょうか。

相談対応のポイント	◇身体拘束された被疑者は逮捕後48時間以内に検察官送致、逮捕後72時間以内に勾留請求がなされる。 ◇勾留は10日間、最大10日間の延長が認められることがある。 ◇検察官が起訴・不起訴を判断し、起訴された場合には勾留が継続。

逮捕後の手続は以下のとおりです。

1　逮捕から送致まで

司法警察員が被疑者を逮捕した場合、すぐに犯罪事実の要旨と弁護人を選任する権利があることを告げた上で、弁解の機会を与えなければなりません（弁解録取手続）。

その上で、被疑者の身体の自由の拘束が必要だと判断した場合、司法警察員は、逮捕から48時間以内に被疑者を書類や証拠物とともに検察官に送致しなければなりません（刑訴203①）。

2　送致から勾留請求まで

司法警察員から送致を受けた検察官は、すぐに被疑者に弁護人選任権を告げるなどした上で弁解の機会を与え（弁解録取手続）、事件の内容や証拠関係を検討するとともに、被疑者の身体の自由の拘束を継続する必要があるかどうか検討します。その結果、直ちに被疑者を起訴することができるのであれば起訴しますが、被疑者を拘束したまま更に捜査を行う必要があると判断した場合は、裁判官に勾留を請求します。

第12章　刑　　事　　　　　　　229

これらの判断は、送致を受けてから24時間以内、逮捕からは72時間以内に行わなければなりません（刑訴205①②）。起訴も勾留請求もしないのであれば、検察官は、直ちに被疑者を釈放しなければなりません（刑訴205④）。

3　勾留の期間

検察官の勾留請求を受け、勾留が必要だと判断した場合、裁判官は、10日間の拘束を認める勾留決定をします。検察官は、原則として、この10日間で起訴・不起訴の判断をしなければなりませんが、やむを得ない事情がある場合は10日を上限として勾留の延長を裁判官に請求することができ、裁判官は、請求に理由があれば10日を上限として勾留の延長を決定することができます（刑訴208①②）。こうして、最長で合計20日間の勾留が認められますが、それ以上の延長は許されておらず、検察官は、この期間内に起訴を行わない場合、直ちに被疑者を釈放しなければなりません。

なお、検察官が起訴した場合、勾留が継続することになります（刑訴208①反対解釈）。

第12章

【115】 被疑者の権利

私は電車内で、痴漢をしたという疑いをかけられて逮捕され、刑事からは、「早く認めろ。」と責め立てられています。私はどうすればよいのでしょうか。

相談対応の ポイント	◇被疑者には黙秘権、供述調書の訂正申立権、供述調書の署名・押印拒否権があり、これらの権利を行使し、不当な取調べ・不利益な供述調書の作成を防ぐ。

1 被疑者の権利

被疑者の防御権が実質的に保障されるためには、弁護人によって、被疑者に対する黙秘権その他の防御権についての適切な説明及び助言がなされなければなりません（弁護士職務基本規程48）。

そのため、被疑者との接見においては、被疑者に対し、取調べにおける被疑者の権利を説明し、不当な取調べに対応する必要があります。取調べにおける被疑者の権利には、次のようなものがあります（刑訴198）。

① 黙秘権

② 供述調書の訂正申立権

③ 供述調書の署名・押印拒否権

被疑事実に争いのある場合のみならず、被疑事実に争いのない場合であっても、犯行態様、動機、余罪等の情状に関する事実等について、不利益な供述調書が作成される危険性もありますから、弁護人は被疑者に対し、必ず被疑者の権利を説明するべきです。

2 黙秘権

黙秘権とは、終始沈黙し、供述を拒むことができる権利です。黙秘したからといって不利益な扱いをされないということが黙秘権の権利たる由縁です。

日本国憲法38条1項は、「何人も、自己に不利益な供述を強要されない。」と

して自己負罪拒否特権を保障し、これを受けて、刑事訴訟法311条1項は、「被告人は、終始沈黙し、又は個々の質問に対し、供述を拒むことができる。」として被告人に黙秘権を認めています。被疑者については黙秘権を認める明文の規定はないですが、被告人と同様に包括的黙秘権が認められているものと解されています（刑訴198②参照）。

3　供述調書の訂正申立権

被疑者は、逮捕・勾留段階から捜査機関によって事件についての取調べを受けるようになりますが、取り調べた内容を供述調書として書面に署名押印を求められることがあります。

この供述調書について、被疑者は、閲覧、読み聞かされ、誤りがないかを確認することができ、内容の増減変更の申立てをすることができます（刑訴198④）。

4　供述調書の署名・押印拒否権

被疑者は、供述調書への署名・押印を拒むことができます（刑訴198⑤）。

供述調書の内容が自分の述べた内容と異なる場合は言うまでもなく、自分の述べたとおり録取されている場合でも、署名・押印を拒否することができます。

232　　　第12章　刑　事

【116】　不起訴に向けた弁護活動

　私が痴漢をしたことは間違いありません。被害者に許してもらうな
どして起訴（公判請求）を免れることはできないのでしょうか。

| 相談対応の
ポイント | ◇被害者との間で示談が成立する等すれば、不起訴と
なる可能性あり。 |

1　起訴便宜主義

　公訴提起の条件が満たされているときでも、犯人の性格や犯罪の軽重など
を考慮して、検察官の裁量により不起訴にすることを認める立場を起訴便宜
主義といい、このような裁量を認めない立場を起訴法定主義といいます。

　この点、刑事訴訟法248条は、「犯人の性格、年齢及び境遇、犯罪の軽重及
び情状並びに犯罪後の情況により訴追を必要としないときは、公訴を提起し
ないことができる。」と規定し、起訴便宜主義に立つことを明らかにしていま
す。

2　示　談

　検察官は、起訴・不起訴の判断において、示談の成立を重視します。示談
が成立していれば、不起訴処分又は略式起訴に基づく罰金処分となる可能性
が高くなります。

　したがって、被疑者が犯罪行為を起こした場合であっても、被害者と示談
を成立させるなどして、公判請求を免れるよう努める必要があります（以下
に示談書のひな型を載せています。）。

示　談　書

　○○○○（以下、「甲」という。）と△△△△△（以下、「乙」という。）は、平
成○○年○月○日に発生した強制わいせつ被疑事件（以下、「本件」という。）
につき、本日、下記のとおり示談した。

記

第12章　刑　事

1　乙は、甲に対し、本件について深く謝罪し、甲はこれを受け入れる。
2　乙は、甲に対し、本件の示談金として金××万円の支払義務があることを認める。
3　乙は甲に対し、前項の金××万円を、平成△△年△月△日限り、甲の指定する預金口座に振り込む方法により支払う。なお、振込手数料は乙の負担とする。
4　甲は、本件について乙を宥恕し、刑事処分は望まない。
5　甲及び乙は、本示談書記載のほか、甲乙間に何らの債権債務関係が存しないことを相互に確認する。

以　上

　甲及び乙は、本示談の内容を十分に理解したことを相互に確認し、その成立を証するため本示談書を2通作成し、相互に保管する。

平成　　年　　月　　日
　（甲）　住所
　　　　　氏名
　（乙）　住所
　　　　　氏名

234　　　第12章　刑　事

【117】　告　訴

　私は大切にしていた車にいたずらをされて傷を付けられる被害に遭いました。犯人を許すことはできないので告訴したいのですが、どのようにすればよいのでしょうか。

| 相談対応の
ポイント | ◇被害者は、書面又は口頭で、検察官又は司法警察員に告訴可能。 |

1　告　訴
(1)　告訴とは
　告訴とは、捜査機関（検察官、司法警察員）に対し犯罪事実を申告し、その訴追を求める意思表示をいいます。

　告訴に似た概念に被害届がありますが、被害届は犯罪事実の申告に過ぎず、犯人の処罰を求める意思表示を含まない点で告訴と異なります。そのため、被害届を提出しても、何らかの法的な効果が生じることはありません。

　なお、被害者や告訴権者に当たらない第三者が、犯罪事実を申告し、その訴追を求めることを告発といいます。

(2)　告訴権者
　被害者本人やその法定代理人等が告訴権者とされています（刑訴230〜234）。

(3)　告訴の方法
　告訴は、書面のほか、口頭でも行うこともできます（刑訴241）。

(4)　告訴の効果
　司法警察員が告訴を受けた場合には、書類、証拠物を検察官に送付する義務を負うことになります（刑訴242）。また、検察官は、起訴、不起訴の処分をしたときはその旨を告訴人に通知し（刑訴260）、告訴人の請求があるときは不起訴の理由を告知しなければなりません（刑訴261）。

(5)　告訴の取消し
　告訴は、公訴提起前であればいつでも取り消すことができます（刑訴237①）。

なお、告訴の取消しをした者は、さらに告訴をすることができなくなります（刑訴237②）。

2 親告罪

　告訴がなければ公訴を提起することができない犯罪を親告罪といいます。告訴を欠く公訴提起は、訴訟条件を欠くものとして公訴棄却の判決が言い渡されることになります。実務上、問題となることが多い親告罪とされる犯罪としては次のものがあります。

① 　過失傷害罪（刑209①）
② 　名誉棄損罪（刑230）
③ 　侮辱罪（刑231）
④ 　器物損壊罪（刑261）

3 刑法改正

　これまで、強姦罪（刑177）、準強姦罪（刑178②）は親告罪とされていましたが、性犯罪の厳罰化などを盛り込んだ平成29年6月23日の刑法改正（平成29年7月13日施行）によって、それぞれ、強制性交等罪、準強制性交等罪と名称が変わり、いずれも非親告罪となりました。同様に、強制わいせつ罪・準強制わいせつ罪も非親告罪となっています。

第12章　刑　事

第2　公判段階における刑事弁護に関する法律相談

【118】　保　釈

　起訴されたので保釈をしてもらえると聞きましたが、どうすればよいのでしょうか。

相談対応のポイント	◇保釈の要件の検討 ◇疎明資料の収集 ◇保釈保証金の準備

1　保釈の要件の検討

　保釈には、権利保釈（刑訴89）、裁量保釈（刑訴90）、義務的保釈（刑訴91）の3つがあり、それらの要件を検討します。

　中でも、権利保釈請求について、「罪証隠滅を疑うに足りる相当な理由」（刑訴89四）が保釈却下理由として多く、障壁となります。裁判所は、これを抽象的な疑いでも認めがちです。しかし、弁護人は、事案の性質や証拠構造から、罪証隠滅の対象となるべき証拠を具体的に考え、それに対する隠滅工作が客観的に不可能であることやその実効性もないこと等を具体的に論じるべきであり、そうした事情を当該事案に即して検討することになります。

　また、裁量保釈もありますので、権利保釈の除外事由だけでなく、保釈を適当と認めるべき一切の事情について、聴取・検討します。例えば、身元引受人の存在は必須であり、被告人の身元引受人となってくれる人物を確保する必要があります。また、制限住居（刑訴93③）の有無・確保も問題となります。

2　疎明資料の収集

　保釈を求めるに当たっては、主張を疎明する資料の存在が重要です。例えば、身元引受書、身元引受人や被告人の家族・職場の上司の陳述書・上申書、示談関係資料（示談書、示談経過報告書、領収書等）、被告人の反省文・誓約書、制限住居の住民票、被告人の診断書、勤務先の就業規則（解雇のおそれ

第12章　刑　事　　237

を示します。)、持ち家の登記事項証明書など、保釈の必要性・許容性を示す
あらゆる資料を収集し、提出すべきです。こうした疎明資料の収集可能性に
ついて、聴取・検討します。

3　保釈保証金の準備

　保釈の執行を受けるには、保証金を納付しなければなりません（刑訴94①）。
そこで、保釈保証金を準備する必要があることを伝えます。保釈保証金の額
の相場は、現在、最低で150万円、通常200万円などといわれています。保釈
保証金を準備できなくても、これを立て替えてくれる一般社団法人日本保釈
支援協会等の機関があります。

　保釈保証金は、保釈取消事由（後掲4参照）によって保釈が取り消された場
合に（刑訴96①）、決定でその一部又は全部が没取されることがあります（刑訴
96②）。

4　保釈の取消し・失効

　召喚に対する不出頭、逃亡・罪証隠滅又はそれを疑うに足りる相当な理由、
被害者などに対する加害行為、住居の制限その他裁判所が定めた条件の違反
（保釈取消事由）があるときは、裁判所は、保釈を取り消すことができます
（刑訴96①）。

　禁固以上の刑を科す判決の宣告があったときは、保釈は失効し、新たに保
釈されない限り刑事施設に収容されます（刑訴343）。

238　　　　　第12章　刑　　事

【119】　証拠提出方法

　私の無罪を立証してくれる証拠がたくさんあるのですが、どのように裁判で出せばよいのでしょうか。

相談対応のポイント	◇裁判所に対する証拠物、証拠書類、人証等の証拠調べ請求。

1　証拠調べ請求

　証拠を裁判の資料として提出するためには、証拠調べ請求（刑訴298①）を行います。証拠決定（刑訴規190①）でこれが採用され、証拠調べが行われることにより、当該証拠が裁判の資料となります。

2　証拠調べ請求の方法

　証拠調べ請求は、口頭によっても行うことができますが、通常は書面（証拠調べ請求書）によって行います。

　証人・鑑定人等の尋問を請求するときは、その氏名・住居を、証拠書類その他の書面の取調べを請求するときは、その標目を、書面に記載しなければなりません（刑訴規188の2）。また、いずれについても、立証趣旨を具体的に明示しなければなりません（刑訴規189①）。

　実務上、検察官は、公判調書に使用される証拠等関係カードに証拠の標目及び立証趣旨等を記載してこれを提出するのが通例であり、弁護人も、この方式によることができます。ただし、証拠の関連性や必要性について補足説明する場合には、証拠等関係カードによらない方式が適しているでしょう。

　証拠調べ請求するに当たっては、あらかじめ相手方に、証人・鑑定人等の氏名・住居を知る機会を与え、証拠書類・証拠物を閲覧する機会を与えなければなりません（刑訴299①）。

3　証拠調べ請求の時期

　証拠調べ請求は、結審するまでの間はいつでも可能です。公判期日にも公

第12章　刑　事　　239

判期日前にも（刑訴規188本文）、公判前整理手続や期日間整理手続においても
（刑訴316の5④・316の28）、することができます。ただし、公判前整理手続にお
いて行う場合を除き、第1回公判期日前にはできません（刑訴規188但書）。
　なお、公判前整理手続に付された事件では、「やむを得ない事由」によって
請求することができなかったものを除き、当該公判前整理手続が終わった後
には証拠調べを請求することができないこと（刑訴316の32①）に、注意を要し
ます。弾劾証拠の取調べ請求は、「やむを得ない事由」があると解されていま
す。

4　証拠調べ

　証拠調べは、人証は尋問、証拠書類は朗読（刑訴305①）又は要旨の告知（刑
訴規203の2①）、証拠物は展示（刑訴306①）、証拠物たる書面は展示及び朗読（刑
訴307）の方法により行われます。
　取調べを終えた証拠書類・証拠物は、裁判所に提出します（刑訴310本文）。
証拠物については、領置の手続がとられ（刑訴101）、裁判所で保管されます。
裁判所の許可があれば、証拠物ないし証拠書類原本に代えて謄本（証拠物に
ついては写真）を提出することができます（刑訴310但書）。

第12章　刑　事

【120】　裁判員裁判

私の事件は裁判員裁判対象事件だと聞きましたが、裁判官が裁く事件とどのように違うのでしょうか。

相談対応の ポイント	◇一般国民が審理に参加する点が異なる。 ◇審理の特色として、連日的開廷、公判前整理手続が必ず行われること、直接主義・口頭主義の実質化が挙げられる。

1　裁判員裁判とは

平成16年5月21日に「裁判員の参加する刑事裁判に関する法律」が成立し、平成21年5月21日から裁判員制度が始まりました。

裁判員裁判は、一定の重大な犯罪について、一般国民の中から選ばれた裁判員が裁判官とともに刑事訴訟手続に関与する制度です。

国民が直接審理に参加することにより、司法に対する国民の理解や裁判の正当性に対する信頼を高め、より国民に近く、信頼される司法を実現するために、導入されました（裁判員1）。

2　対象事件

裁判員裁判の対象となる事件は次のとおりです（裁判員2①）。

①　法定刑が死刑又は無期の懲役・禁錮に当たる罪に係る事件

②　法定合議事件（裁所26②二）のうち故意の犯罪行為により被害者を死亡させた罪に係る事件

国民の関心が高く、社会的影響も大きいこれらの重大な犯罪については、裁判員裁判の対象とするのが相応しいと考えられたことによります。

3　裁判体の構成

対象事件を取り扱う裁判体は、原則として裁判官3人・裁判員6人で構成される合議体となります（裁判員2②本文）。

第12章　刑　事　　241

4　裁判員の関与する判断

裁判員は、①事実の認定、②法令の適用（法令のあてはめ）、③刑の量定に関与します（裁判員6①）。これらについては、裁判官と裁判員が評議を行い、裁判官及び裁判員の双方の意見を含む合議体の員数の過半数の意見によって決せられます（裁判員67①）。

他方、法令の解釈に係る判断や訴訟手続に関する判断等は、裁判官のみの合議によって決せられます。

5　審理の特色

裁判員裁判では、一般国民である裁判員が参加して審理を行う関係で、「迅速で分かりやすい」審理が求められ（裁判員51）、そのため審理の特色があります。

(1)　連日的開廷による集中審理

従来の裁判官裁判では月1、2回のペースで審理が行われるのが通常ですが、裁判員裁判では、裁判員の負担への配慮から、連日的開廷（刑訴281の6）による集中審理が行われます。

(2)　公判前整理手続

連日的開廷を可能とするには、事前に十分な争点及び証拠の整理を行って、審理計画を策定しておく必要があります。そのため、公判前整理手続が必ず行われます（裁判員49）。

(3)　直接主義・口頭主義の実質化

裁判員が、法廷で直接目で見て耳で聞いて、その事件を理解し、心証を形成できることが重要となります。そのため、証拠調べは、書面に依存するのでなく、できる限り証人による立証を志向すること、書証の取調べ方法についても、要旨の告知ではなく、できる限り朗読の方法を用いることなどが、求められます。

242　　第12章　刑　事

【121】　証拠調べ請求に対する意見

　被害者や目撃者の供述調書が検察官から証拠調べ請求されましたが、事実と異なる内容が多く含まれており、納得がいきません。証拠から外すことはできないのでしょうか。

相談対応の ポイント	◇供述調書を不同意とする証拠意見を述べる。

1　証拠意見

　検察官の証拠調べ請求に対し、弁護人は証拠意見を述べます（刑訴規190②）。証拠意見は、当該証拠の証拠能力や関連性・必要性を検討して行います。本件相談の供述調書は、伝聞証拠であり、被告人が同意（刑訴326①）しない限り、原則として証拠能力がありません（刑訴320）。被告人が同意しない場合、検察官は、供述者の証人尋問の請求を考えることになります。以下では、同意・不同意の判断基準について整理します。

2　同意・不同意の判断の視点

　同意・不同意の判断は次の視点から行います。

① 　調書の内容が証拠資料となるのを阻止する必要があるか

② 　証人尋問が行われると被告人にとって有利か不利か

③ 　不同意で検察官は証人尋問を請求してくるか（裁判が長引くか）

　（1）　調書の内容が事実と異なる場合

　この場合、調書の内容が証拠資料となるのを阻止する必要がありますので、不同意とすべきです。その結果、証人尋問が実施されることになれば、反対尋問によって供述の信用性の減殺を目指すべきことになります。証人尋問の実施により裁判が長引くことになりますが、不同意部分が事実認定や量刑判断に関わる程度いかんによっては、検察官も証人尋問を請求しないことがあります。検察官と交渉するなどし、検察官が証人尋問を請求しない範囲で一

第12章　刑　事　　243

部不同意として、尋問を避けつつ不同意の効果を発揮することも検討し得ます。

(2)　調書の内容が被告人の言い分に沿うものである場合

この場合、調書の内容が証拠資料となるのを阻止する必要がないでしょうから、同意することが考えられます。もっとも、供述者に確認したところ調書に記載のない有利な供述があるのであれば、証人尋問でそれを引き出すために、調書は不同意とすることが考えられます（調書に同意した上で証人尋問を請求することも考えられますが、採用されるか不安が残ります。）。また、裁判員裁判では、「分かりやすさ」という人証のメリットを重視して、不同意とすることが考えられます。

(3)　調書の内容が被告人の知らない事柄である場合

この場合、調書の内容が被告人にとって不利なものであれば、証拠資料となるのを阻止する必要がありますので、基本的には不同意とすべきです。反対尋問の材料を欠くとしても、証人尋問で調書に記載のない事情が得られ、不利の程度が減少することが考えられますし、検察官の主尋問がうまくいかない可能性もあるからです。もっとも、供述者に確認したところ、生々しい事実関係や処罰感情など調書以上に不利な供述が出るとか、不利な新たな事実が出されるおそれがあるときは、やむを得ず調書に同意することも検討し得えます。

調書の内容が被告人にとって有利なものであるときは、前記(2)と同様に考えることができます。

【122】 自白の証拠能力

　私は痴漢などやっていませんが、取調べがきつく、自分が痴漢したことを認める供述調書を作成してしまいました。こうした私の供述調書を証拠から外すことはできないのでしょうか。

相談対応の ポイント	◇ 「任意にされたものでない疑いのある自白」は自白法則により証拠能力が否定される（日本国憲法38②、刑訴319①）。

1　自白の証拠能力

　自白の証拠能力で確認すべき点は、当該自白がなされた経緯がどのようなものであるかという点です。

　学説では、虚偽排除説、違法排除説等がありますが、実務では虚偽排除説ないしは人権擁護説を基本としつつ、看過しがたい重大な違法がある場合において違法排除説も取り入れていると考えられます。

　このため、まず、虚偽の自白を招き得る状況だったことを主張し、さらには自白に関連する捜査において重大な違法があればその点も主張する必要があります。

　具体的には、任意性を否定する外形的事実、すなわち不当、違法な捜査を単独又は複数（複数の場合はそれらが合わさったことも含めて）主張します。

　また、本件相談では問題となりませんが、捜査機関の違法手続を理由に自白の証拠能力を否定する場合、当該違法な手続が自白の採取に関連していることも重要です。

2　自白調書の証拠能力を否定するための方法

　自白調書の証拠能力を否定するための方法は次のようになります。

① 公判前整理手続に付するように求める。

② 不同意とする。

③ 任意性を争う旨及びその理由を主張する。

第12章　刑　事　　245

④　検察官主張の任意性を基礎付ける事由を否定する証拠調べ（取調状況の録音・録画媒体、取調官の尋問）を請求する。
⑤　自白の信用性も争う。

　不同意とするだけでなく、任意性を争う旨も主張し、任意性を争点とする主張であることを明確にします。

　公判前整理手続にすれば、検察官の証拠開示が進みます。また、公判前整理手続では、弁護人の予定主張として任意性を争う具体的理由の主張がなされ、これに対して検察官の考える自白の任意性を基礎付ける事由の主張がなされますので、争点が明確になり、弁護人が今後何をすべきかが明確になります。

　自白の任意性と自白の信用性の問題は、本来別次元の問題です。しかし、信用性を否定する事情は、自白の任意性とも関わりがあること、また、任意性を肯定されても、信用性が否定される場合があり得ることから、自白の信用性も争います。

246　　　　第12章　刑　事

【123】　情状弁護

　私が痴漢をしたことは間違いがないので、裁判でも争うつもりはありません。少しでも刑が軽くなるようにするにはどのようにすればよいでしょうか。

相談対応のポイント	◇情状弁護により、①犯情の軽微性、②被害者の処罰感情の軽減（被害回復）、③反省（再発防止策の充実）を示す。 ◇示談書、反省文、情状証人、被告人質問等で立証。

1　犯情の軽微性

　犯行動機、犯行態様、被害額、（共同正犯者がいる場合における）共犯者間での役割の重要性の違い等の犯情は、量刑に大きな影響を与えます。そのため、こうした犯情については、その軽微性を示し、時には検察官と争うことになります。

2　被害者の処罰感情の軽減（被害回復）

　痴漢等の被害者のいる犯罪の場合、示談を試みます。被害者の連絡先は、検察官、担当刑事に連絡して教えてもらいます。検察官、担当刑事は、被害者の承諾を得て連絡先を教えてくれます。

　被害者との示談に際しては、以下の点に注意します。

① 　告訴、被害届の取下げに同意してもらえる場合、取下書を示談書とは別途作成する。

② 　被害者からの宥恕が得られるのであれば、示談書にその旨を記載する。

③ 　嘆願書の作成に応じてくれるのであれば、作成してもらう。

　捜査機関に提出するので、告訴、被害届の取下書は、示談書とは別途作成した方が望ましいと言えます。

　宥恕してもらえるのであれば、その旨を示談書に記載します。

　また、被害者によっては、嘆願書の作成に応じてくれることがあります。

第12章　刑　事　　247

事前に弁護人が嘆願書の文書を作成し、被害者に見せ、説明の上で、署名、捺印してもらうことも方法の1つです。

3　反省（再発防止策の充実）

　反省を示し、再発防止策を充実させることは、いずれの犯罪でも重要ですが、特に、覚せい剤等の被害者なき犯罪、再発性が問題となる犯罪については、重要です。

　当該犯罪に至った理由を被疑者、被告人に検討してもらった上で、不十分な点については弁護人が示唆、指摘をし、反省文の作成、再発防止策の充実を図ります。被告人質問に際しては、被告人自身の口から具体的に話せるようにしておきます。

　経済的状況が理由であれば、雇用継続の確保や生活保護の受給手続の説明を行う等が再発防止策になります。また、人間関係に問題があり、それが理由となっていた場合には、そうした人間関係の問題の除去（転居、転職等）等が再発防止策になります。

4　情状証人

　情状証人については、被告人を熱心に監督し得る者を選びます。具体的には両親、配偶者等の被告人近親者（できれば同居の近親者）が望ましいでしょう。

248　　　第12章　刑　事

【124】　一部執行猶予

　私はこれまで何度か痴漢で逮捕されており、裁判を受けるのは今回が初めてではありません。そのため実刑判決を受けることは覚悟していますが、一部だけでも執行猶予が付くことはないのでしょうか。

相談対応の ポイント	◇一定の場合に、一部執行猶予が付く場合がある。

1　一部執行猶予の要件

　一部執行猶予が付く場合とは、

① 　前に禁錮以上の刑に処せられたことがない者

② 　前に禁錮以上の刑に処せられたことがあっても、その刑の全部の執行を猶予された者

③ 　前に禁錮以上の刑に処せられたことがあっても、その執行を終わった日又は執行の免除を得た日から5年以内に禁錮以上の刑に処せられたことがない者

のいずれかに該当し、

④ 　3年以下の懲役又は禁錮の言渡しを受ける場合であって

⑤ 　犯情の軽重及び犯人の境遇その他の情状を考慮して、再び犯罪をすることを防ぐために必要であり、かつ、相当であると認められるとき

になります（刑27の2①）。

2　一部執行猶予の注意点

　一部執行猶予が付くためには、前記①〜③の者である必要がありますが、薬物使用等の罪を犯した者については、前記①〜③の要件が不要となります（薬物使用等の罪を犯した者に対する刑の一部の執行猶予に関する法律3）。

　また④の要件の関係で、被疑者、被告人から相談された場合の回答に際しては、量刑予想も重要です。

　さらに、薬物使用等の罪を犯した者であれば必ず保護観察が付き、それ以

第12章　刑　事　　249

外の場合でも猶予期間中に保護観察が付される可能性がありますので、この点も含めて全体で有益かどうかの検討も必要です。

3　必要性、相当性等について

「⑤犯情の軽重及び犯人の境遇その他の情状を考慮して、再び犯罪をすることを防ぐために必要であり、かつ、相当であると認められるとき」とは、

①　再犯のおそれがあること

②　1年以上の社会内処遇期間を確保して行う有用な処遇方法が想定される場合

③　前記処遇の実効性

④　犯情の軽重及び犯人の処遇に鑑み、一部執行猶予が許容される場合

をいいます。

①の要件のために、偶発性の高い、一回性の犯罪の場合には適用されないと解されるので、注意してください。

また、1年以上の社会内処遇期間を確保して行う有用な処遇は、刑務所という施設内処遇よりも有用であることを主張する必要があります。弁護人は、被告人、情状証人予定者らと相談の上、有用な処遇環境を用意し、それが施設内処遇よりも有用であることを主張します。

犯情の軽重及び犯人の処遇に鑑み、一部執行猶予が許容される場合とは、立法時の説明では、模倣性の高い詐欺行為を組織的に行った場合といった刑事事件に見合った量刑を科すという観点から相当でない場合を除くための要件とされています（第179回国会参議院法務委員会）。

250　　第12章　刑　事

第3　不服申立てに関する法律相談

【125】　不服申立て

私は第1審で有罪となりましたので、控訴するための手続や要件を教えてください。控訴審でも有罪となった場合の不服申立ての方法も教えてください。

相談対応のポイント	◇判決後14日以内に控訴申立書を提出。 ◇無罪判決、公訴棄却、管轄違い、免訴の判決に対しては、被告人は控訴できない。刑免除の判決に対しては控訴可能。 ◇控訴理由には絶対的控訴理由と相対的控訴理由がある。 ◇控訴審で有罪となった場合、上告することも可能。

1　控訴審について

控訴をするためには、第1審判決後14日以内（申立書の到達日で判断）に控訴申立書を提出する必要があります。さらに、控訴申立書を提出した後、控訴趣意書を提出する必要があります。控訴趣意書の提出期限は裁判所から指定されますが、提出が間に合わない場合、新たに指定すべき期間とその理由を記載して、延長の申請をすることが可能です（理由次第では認められないこともあります。）。

控訴趣意書には、絶対的控訴理由（刑訴377・378）、また、以下の相対的控訴理由（刑訴379～382・383）を記載します。

① 　絶対的控訴理由を除く訴訟手続の法令違反
② 　法令適用の誤り（解釈の誤りを含みます。）
③ 　量刑不当
④ 　事実誤認
⑤ 　再審理由があること
⑥ 　判決後に刑の廃止、変更又は大赦があった。

第12章 刑　事　　251

　なお、「審理不尽」は、独立した控訴理由とはなり得ず、「審理不尽」の結果、「事実誤認」（刑訴382）がある場合、又は「訴訟手続の法令違反」（刑訴379）がある場合に、控訴ができるに過ぎません。

　また、第1審が、無罪判決、公訴棄却、管轄違い、免訴の判決である場合には、被告人は控訴することができません。刑免除の判決に対しては控訴することが可能です。

　弁護人は、控訴審でも引き続き弁護を担当する場合には、改めて弁護人選任届を提出する必要があります。

2　上告審について

　控訴審で有罪となり、その判断に不服がある場合、上告をすることになります。上告理由は、刑事訴訟法405条各号に規定されている事由です。もっとも、刑事訴訟法411条各号の事由があり判決を破棄しなければ著しく正義に反する場合には、職権で原判決を破棄できるので、刑事訴訟法411条各号に規定する事由（職権破棄事由）も上告理由となります。

　なお、上告受理申立て（刑訴406）もあります。ただし、申立てをしてから14日以内に申立理由書を提出しなければなりません（刑訴規258の3①）。

3　再審について

　上告しても敗訴し判決が確定した場合又は上告することなく判決が確定した場合であっても、再審理由（刑訴435・436）があれば、再審の対象となる原判決をなした裁判所に対して、再審請求をして不服を申し立てることができる場合もあります（刑訴438）。

事 項 索 引

【アルファベット】

ページ

ADR　40

【あ】

後継ぎ遺贈型受益者連続信託　170

【い】

遺言　164
　——の方式　164
　相続させる旨の——　166
遺言執行者　168
遺言書
　——の開封　168
　——の検認　168
遺産分割　166, 178
異時共同不法行為　34
異時事故　34
意匠権　130
一部執行猶予　248
遺留分　180
遺留分減殺請求　180
　——に関する課税　224
遺留分減殺請求権　182
遺留分侵害額　180

【う】

氏　156

【え】

営業秘密　140

【か】

解雇権濫用　97
会社更生　226
家計状況の見直し　46
家事従事者の休業損害　33
瑕疵担保責任　6
過失割合　22
仮想通貨　202
株式
　——の譲渡に関する課税　214
　——の相続における課税　215
　——の配当に関する課税　215
株式譲渡　214
仮差押え　68
過量販売　14
過量販売解除権　14
管轄裁判所　72
管理監督者　89
管理費　122
　——の滞納　122

【き】

期限の利益喪失条項	77
基準地価格	104
起訴便宜主義	232
休業損害	32
給付者に対する課税	222
給付を受けた者への課税	223
給与所得者等再生	61
境界	106
競業避止義務	94
協議離婚	144
供述調書	
——の署名・押印拒否権	230
——の訂正申立権	230
業務命令	90
寄与分	174
金銭執行手続	78
金銭執行申立て	79

【く】

クーリング・オフ	8
——の効果	9
——の権利行使期間	10
——の権利行使期間の起算日	10
個別クレジット契約の——	12
クーリング・オフ妨害	11
クーリング・オフ連動	13

【け】

経営承継円滑化法	224
欠損金	216
兼業主婦の主婦休損	32
健康保険	26

【こ】

後遺障害	28
公示価格	104
公示送達	73
公正証書遺言	164
公的援助制度	47
交付送達	73
公簿売買	106
勾留請求	228
告訴	234
告訴権者	234
個人再生	44,50,60
——に要する期間	51
——に要する裁判費用	50
戸籍	172
個別クレジット契約	12
——のクーリング・オフ	12
個別信用購入あっせん	12
婚姻費用	152
——の算定	153
——の分担義務	152

【さ】

債権回収	68,70
債権執行	78
財産分与	150
――の基準時	151
――の請求方法	150
――の割合	151
サイト利用規約	198
裁判員	240
裁判員裁判	240
裁判離婚	145
債務整理	42
債務名義	74
――の種類	74
採用	82
採用内定の取消し	82

【し】

時間外労働	88
時効の中断	64
自己破産	44
――に要する期間	51
――に要する裁判費用	50
私事性的画像記録	204
示談	232
失業給付	98
執行可能性	76
実測売買	106
実用新案権	128

自賠責後遺障害等級認定	22
自白	244
――の証拠能力	244
自筆証書遺言	164
借地権譲渡	108
借地権譲渡承諾料	108
住宅ローン	54
周知表示混同惹起	138
受忍限度	118
受任通知	42
少額訴訟	75
小規模個人再生	61
条件変更承諾料	109
証拠意見	242
証拠調べ	239
証拠調べ請求	238
症状固定	22,28
情状弁護	246
勝訴可能性	76
譲渡所得	208
譲渡所得課税	208
消費者契約	3
消費貸借契約	62
商標権	132
商標の類否判断	133
消滅時効	64
――の期間	64
所得税	208
自力救済の禁止	112
親権	158
親告罪	235
人身傷害保険	36

人損事故	24	訴訟差額基準説	37
人損の過失割合	25	訴状の記載事項	72
身体拘束	228	疎明資料の収集	236
信託	170	損害賠償に関する課税	218
審判離婚	145		
深夜労働	88		
信用調査	66	**【た】**	
信頼関係破壊の法理	114		
心理的欠陥	120	退職勧奨	97
		退職金	52
		逮捕	228
【せ】		タイムカード	86
		立退料	116
清算価値保障の原則	53,60	建替承諾料	109
正当事由	116	建物明渡請求	115
生命保険		建物明渡手続	112
——に対する弁護士会照会	81	断定的判断の提供	4
——の解約返戻金	52		
セクハラ	92	**【ち】**	
絶対的控訴理由	250		
説明義務違反	18	知的財産権	124
占有移転禁止の仮処分	115	中途解約権	16
		懲戒処分	90
		調停離婚	145
【そ】		著作権	134
		著名表示冒用	138
騒音	118	賃貸人の説明義務	120
相続財産		賃料減額請求	110
——の範囲	176,220	賃料減額請求訴訟	110
——の評価	220		
相続させる旨の遺言	166		
相対的控訴理由	250		
送致	228		

【つ】

通勤災害	38
次々販売	14

【て】

データ	142
適合性原則	19,20
電子契約	196

【と】

同一部位	
――の同一症状	30
――の等級認定	30
等級認定	28
同一部位の――	30
動産執行	78
搭乗者傷害保険	36
特定継続的役務提供契約	16
特定商取引に関する法律	10
特定調停	44
特定物売買	6
特別受益	174
特別方式遺言	164
特許権	126

【な】

内縁	162
内容証明郵便	70

【に】

任意整理	44,48,226

【ね】

ネットオークション	200
年金分割	163

【の】

ノークレーム・ノーリターン特約	200

【は】

破産	50,56,226
破産手続開始申立て	58
発信者情報開示請求	184,186,188
――に対する意見照会書	188
――の相手方	184
――の手続	186
パワハラ	92

事項索引

【ひ】

秘密証書遺言	165
秘密保持義務	94
非免責債権	59

【ふ】

不実告知	2
不正アクセス禁止法	206
不正競争防止法	136
普通方式遺言	164
物損事故	24
物損の過失割合	25
不貞行為	148
不動産執行	78
不動産所得	212
不動産所得課税	212
不当条項	6
不服申立て	250
付郵便送達	73
不利益事実の不告知	4
ブログ	190
プロバイダ	184

【へ】

ペアローン	54
弁護士会照会	
——制度	80
生命保険に対する——	81
預貯金に対する——	80

【ほ】

法人税	210
法定休日労働	88
法定相続情報証明制度	173
訪問販売	8
法律上の解雇禁止	96
保釈	236
保釈保証金	236
保証契約	62

【み】

民事再生	226

【む】

無断掲載	190
無断転貸	114

【め】

名義書換料	108
名誉毀損	192
名誉権	192, 194
面会交流	160
免責許可申立て	58
免責不許可事由	58

【も】

黙秘権	230

【ゆ】

有責配偶者	146

【よ】

養育費	154
預金債権	176
与信管理	66
預貯金に対する弁護士会照会	80

【り】

離婚	144
離婚事由	144
利息	63
リベンジポルノ防止法	205

【ろ】

労災保険	38
労働条件	84
——の変更	84
労働審判	102
労働紛争の解決手段	100
ローン特約条項	107
路線価格	104

【わ】

割増賃金	
——の種類	88
——の請求	86

必携
実務家のための法律相談ハンドブック

平成30年４月18日　初版一刷発行
平成30年８月２日　　二刷発行

編　集　第一東京弁護士会
　　　　全　期　旬　和　会
発行者　新日本法規出版株式会社
　　　　代表者　服　部　昭　三

発 行 所　新日本法規出版株式会社
本　　社　（460-8455）　名古屋市中区栄１－23－20
総轄本部　　　　　　　　　電話　代表　052(211)1525
東京本社　（162-8407）　東京都新宿区市谷砂土原町２－６
　　　　　　　　　　　　　電話　代表　03(3269)2220
支　　社　札幌・仙台・東京・関東・名古屋・大阪・広島
　　　　　　高松・福岡
ホームページ　http://www.sn-hoki.co.jp/

※本書の無断転載・複製は、著作権法上の例外を除き禁じられています。＊＊
※落丁・乱丁本はお取替えします。　　　　　ISBN978-4-7882-8380-0
5100013　実務家法律相談
　　　　　　　　Ⓒ第一東京弁護士会　全期旬和会　2018 Printed in Japan